文化人類学と現代民俗学

目次

第一章　文化人類学　　桑山　敬己

一　文化人類学とは　*4*
二　文化とは　*10*
三　文化相対主義　*18*
四　国民・民族・人種　*23*
五　フィールドワーク　*31*
六　日本研究　*39*
七　人類学を生きる　*44*

コラム　カルチュラル・スタディーズ　　鈴木慎一郎

第二章　現代民俗学　　島村　恭則

一　民俗学とは何か　*56*
二　民俗とは何か　*63*
三　日本の民俗学　*71*
四　「野の学問」としての民俗学　*84*
五　公共民俗学　*87*
六　世界民俗学　*90*

装丁　オーバードライブ・前田幸江

第一章　文化人類学

桑山敬己

本書の第一章では、文化人類学を学ぶうえでもっとも基本的な事柄に焦点を当てて解説する。それらの事柄とは、「文化」「文化相対主義」「民族」「民族誌（エスノグラフィー）」、および「フィールドワーク」である。また、本書の読者の大多数は日本で初等中等教育を受け、現在、日本の大学で学んでいる学生か、文化人類学に関心のある社会人であろうから、日本を対象とした研究についても言及する。執筆に当たって注意したことは以下の三点である。①日本および世界の文化人類学者の共通理解を提示すること。②従来の概説書では触れられていない重要な点についても解説すること。③隣接分野の民俗学との関連を示すこと。

概説書とはいえ、本書は筆者自身の考えに沿って書かれたものである。その意味で、以下の記述は現時点で筆者が考える文化人類学のマニフェストである。一般読者および専門家のご意見・ご批判を乞いたい。

一　文化人類学とは

1　文化人類学の定義

文化人類学（cultural anthropology）とは、一九世紀半ばの欧米に登場し、今日ではグローバルに展開されているところの、人間の生活様式（way of life）に関する総合的な学問である。それは、世界各地の人間集団に共通の特徴と各々の集団に独自な特徴、つまり人類の普遍性と個別性を、主にフィールドワークによって得られた資料と身体知に基づいて明らかにすることを目的としている。

この定義には次のようなポイントが含まれている。①文化人類学は近代西洋（西ヨーロッパ諸国とアメリカ合衆国）で産声を上げ、欧米列強による植民地支配の時代に発達した。しかし、今日では旧植民地を含む多くの国や地域で営まれている。②他の人文社会科学の分野は、特定の人間の営み（たとえば言語、経済、政治、宗教、芸術など）に焦点を絞るが、文化人類学はありとあらゆる営みを総合的に研究する。③文化人類学が研究対象とする人間集団は、民族のように一定の規模と歴史を備えた集団である。ただ、近年ではより小規模で流動的な集団（たとえば災害時の自助組織やネット上のグループなど）も射程に入れている。④各集団にはそれぞれ独自の特徴があるが、すべての人間はホモサピエンスという同一種の成員である以上、汎人類的な類似性もある。文化人類学はその双方を研究する。⑤文化人類学の方法論的特徴は、研究者が現地に赴いて実施するフィールドワークにある。フィールドワークの目的は、現場をつぶさに観察して一次資料を収集することにあるが、研究対象の人々と活動を共にすることによって得られた実感も大切である。この実感こそ身体知の根源であり、文化人類学者は自らの体を媒体として研究対象に迫る。

2　文化人類学の隣接分野

文化人類学は国や地域によって異なった発展を遂げてきた。ここでは、現在世界的にもっとも影響力のあるアメリカ合衆国（以下「アメリカ」）の分類法に従う。

アメリカでは、文化人類学は人類学の下位分野であって、人類学にはその他にも自然人類学（形質人類学とも言う）、考古学、および言語人類学が含まれる。自然人類学は人間の生物的特徴、特に進化を研究する分野である。考古学は、地中に埋もれた遺跡やモノの発掘を通じて、先史時代の営みを再構築する分野である。*言語人類学は、ことばが実際に使われる文脈を重視して、言語と社会や文化の関連を問う分野である。人類学を人間に関する総合科学とみなすアメリカの大学では、文化人類学専攻の学生に対しても、他の人類学の分野の基礎コースをとるように求めることが多い。これを人間研究の「四分野アプローチ」という。なお、文化人類学と似た呼称に「社会人類学（social anthropology）」があるが、これは主にイギリスで発達した分野で、今日ではアメリカ流の文化人類学と大差ない。**

日本での分類について注意すべきことは以下の二つである。第一は文化人類学と民族学の違いである。民族学（ethnology）は、元来、ヨーロッパ大陸で発達した分野で、実際には文化人類学と大差ないが、理論志向が強い文化人類学と比べると、各民族の実像を重視してより細かな事実に関心を払う。この分野が登場した一九世紀前半、研究

＊アメリカでは考古学の教員の多くは人類学部に所属していて、授業は人類学部または考古学に特化した学際的な学部で行われている。

＊＊文化人類学はさらに次のような専門分野に分かれている。医療人類学、映像人類学、開発人類学、観光人類学、教育人類学、経済人類学、ジェンダーの人類学、宗教人類学、象徴人類学、心理人類学、政治人類学、生態人類学、認識人類学、博物館人類学、法人類学、歴史人類学、等々（あいうえお順）。これらはすべてを網羅したわけでなく、公共人類学や災害人類学のように、新たな出来事や関心とともに新たな分野が登場している。

の焦点の一つは個々の民族に特徴的なモノ（物質文化）の収集にあった。そのため、民族学は博物学と密接に関連しながら発展した。今日でも物質文化を展示する博物館は、日本やヨーロッパ大陸およびその影響を受けた地域では、大体「民族学博物館」という。大阪の国立民族学博物館はその代表格である。

注意すべき第二点は、今述べた民族学と民俗学（folklore studies または folkloristics）の違いである。第二次世界大戦以前、日本はヨーロッパの学問の影響が強かったので、アメリカで発達した文化人類学には馴染みが薄く、民族学という呼称が使われていた。一九三四年創設の日本民族学会が日本文化人類学会と名称変更したのはつい最近のことで、二〇〇四年であった。この民族学とまったく同じ発音で、親戚関係にあったのが柳田國男（一八七五〜一九六二）を創設者とする日本民俗学である。世界的に見て、民族学者は異民族を研究し、民俗学者は自民族を研究することが多かったが、日本の場合、西洋に比べて近代化が遅れたため――また近代化した後も、たとえば西洋医学と漢方が並存しているように、日本には文化的多元性が顕著に見られるため――、西洋の学者がいわゆる「未開社会」で見つけた習慣や出来事を、日本の学者は自国の片田舎に発見することがあった。そのため、民族学と民俗学の差はさほど大きくなく、岡正雄のように両分野の懸け橋となる業績を残した学者もいた。* 親しみを込めて「二つのミンゾクガク」と呼ばれた所以である。

しかし、戦後の高度経済成長によって、海外調査の資金調達がしやすくなった一九六〇年代頃から、日本の民族学者（特に区別が必要でない限り「人類学者」に同じ）は、アフリカを含む遠隔地にまで足を延ばすようになり、結果として日本研究から離れて

図1　民族学と民俗学の懸け橋として活躍した岡正雄（一八九八〜一九八二）

＊岡の代表作は『異人その他――日本民族＝文化の源流と日本国家の形成』（一九七九年）である。簡略版は岩波文庫に収められているが、民族学と民俗学の関連を知るには言叢社刊行のオリジナル版がよい。

いった。同時に、民族学は「文化人類学」の名のもとに大学の正式科目として制度化されていったが、「野の学問」を自認してきた民俗学は、一部の大学を除いて長らく講義されなかった。

3　民族誌（エスノグラフィー）

以下、「人類学」とは文化人類学を指すものとするが、人類学的思考の基礎は民族誌（英語の ethnography をそのまま片仮名にして「エスノグラフィー」とも言う）である。従来、民族誌は特定の民族の生活様式、つまり広義の文化をフィールドワークに基づいて描いた著作を意味していたが、近年ではより小規模で流動的な人間集団の叙述も含めるようになった（次項を参照）。また、民族誌はフィールドワーク中心の方法論を示すこともある。

人類学における民族誌の代表的古典は、ブラニスラフ・マリノフスキー（Bronislaw Malinowski）が一九二二年に著した『西太平洋の遠洋航海者』である。原語（英語）で五〇〇ページにも上るこの大著は、ポーランド生まれのマリノフスキーが、およそ二年間をかけて調査したトロブリアンド諸島（パプアニューギニアの北東に位置する島々）における「原始経済」を描いた作品である。後世まで語り継がれているのは「クラ」と呼ばれる交換で、トロブリアンド諸島民は、生活必需品を島と島の間で物々交換する際、貝でできた腕輪と首飾りを交易のパートナーに対して儀礼的に渡し、それらを一定の方向で回す。それぞれの腕輪と首飾りには歴史が刻まれていて、たとえば部族の名士が持っていたものであれば、受け取った者の名声も上がる仕組みになっている。ただし、それを所有することはできず、必ず交易のパートナー間で回さなければならない（現代

図2　トロブリアンド諸島でフィールドワークを行うマリノフスキー（一八八四〜一九四二）

のワールドカップのトロフィーが、勝者の間で四年ごとに回っていくように）。マリノフスキーは、クラといった一見単純な儀礼的交換の背後に、複雑な人間関係のネットワークが存在することや、海上交易に使われるカヌーの装飾に神話のモチーフが使われていたり、航海に先立って島民が祈りを捧げたりすること――彼はそれを「呪術（magic）」と呼んだ――などについても、臨場感あふれる描写で明らかにした。*

一世紀も前のマリノフスキーの仕事がいまだに高く評価されているのは、彼が長期間にわたる綿密なフィールドワークに基づいて民族誌を書き、そのうえで個別（トロブリアンド諸島）から普遍（原始経済）へという理論化の道筋を示したからである。民族誌がルポルタージュと異なるのは、こうした理論化の契機が叙述に含まれている点にある。マリノフスキーは次のように述べている。

> 民族誌家にインスピレーションを与えるのは、最新の科学的研究の成果に関する知識と、その原則や目的である。〔中略〕理論に習熟して、その最新の成果を知ることは、「先入観」に惑わされることではない。〔中略〕より多くの理論的問題をフィールドに持ち込めば、よりよく理論を事実によって検証できるようになる。さらに、よりよく理論に照らし合わせて事実を見ることができれば、より良い仕事ができるようになる。先入観はいかなる科学にも悪弊をもたらすが、問題の予見能力は科学者の主たる資質である。問題を観察者に見せるのは理論的研究なのだ[Malinowski 1984 (1922) : 8-9]。

＊この他にも、島を隔てた交易パートナーとの関係には、相手の身の安全を保証するという軍事的側面があることをマリノフスキーは明らかにした。そして、経済が他の社会的側面と結びついて、一つの全体を作っていることを強調した。社会を構成する部分と部分の有機的つながりに着目して、それぞれが全体を維持するために担う機能を重視する立場を機能主義（functionalism）という。

人類学的思考は日常生活のきわめて具体的で小さな事実の観察に立脚している。出来上がった理論がどんなに抽象的であっても、それは単なる思弁の産物ではない。

4　人類学的調査・研究の対象

伝統的に人類学は民族を調査・研究してきたが、最近ではより小規模で歴史の浅い（時として短期間しか存在しない）集団も扱うようになった。人類学はもう民族を研究する学問ではない、という声さえ聞こえてくるほどである。しかし、このような主張には二つの難点がある。

第一に、民族を対象としないのなら、なぜ「エスノグラフィー」と言い続けるのか、その理由が明らかでない。「エスノグラフィー」の「エスノ」は、ギリシャ語で「民族」を意味する *ethnos*（エトノス）に由来している。** 民族を研究対象から外すのなら、新たな用語を創出すべきであろう。第二に、少なくとも日本が位置する東アジアでは、「民族」という言葉と概念なしに日常世界は成立しない。第四節「国民・民族・人種」で詳述するように、「民族」は明治期に英語の nation の訳語としてつくられた和製漢語で、後に中国や朝鮮に「逆輸出」されて普及した。一九一二年の中華民国建国にあたって民族概念は重要な役割を果たしたと言われるし、*** 現在、中華人民共和国には国家が承認した五六の民族が存在する。台湾（今日の中華民国）では、「原住民族」（先住民族の意味）の存在が憲法によって認められていて、**** 二〇一四年時点で政府が認定した原住民族数は一六である。また、一九四八年に二つの国に分かれた朝鮮でも、祖国統一の理念に「同じ民族」という意識が果たす役割は大きい。後述の「民族に実体はあるのか」という

**エトノスの意味・用法の歴史的変遷については井上紘一［二〇一四］を参照。

***今日的意味で「民族」の語を中国で初めて使ったのは梁啓超で、一九〇一年のことである。当時の清朝は満州人によってつくられたので、漢人の孫文らは日本滞在中に学んだ「民族」の精神を通じて「倒満」のスローガンを掲げた。つまり、「民族」の思想は漢人が「清朝を打倒する革命の原動力と正当性の根拠となり、革命理論の礎石となった」［王 二〇一四：七一］。

****二〇〇五年の第七次憲法修正の結果、追加条文の第一〇条には「国家は多元文化を認め、原住民族の言語と文化の発展を積極的に擁護する」「国家は民族の願望により、原住民族の地位および政治参加を保障し」と謳われている。「民族」と「原住民族」という表現は原文でも使われている。

議論は、民族を研究対象としなければ成立しない。

そこで本章では、「ある一定の規模と歴史をもつ人間集団」を人類学的研究の対象とする。規模を指標とする理由は、人類学が依拠する文化という概念（次節を参照）は、個人やごく小さな個人の集まりではなく、ある程度の大きさをもった集団に使われるものだからである。具体的な規模の大きさは、当該集団の成員が表出する特質に集合性が感じられる場合、というように緩やかに規定しておく。歴史をもう一つの指標とする理由は、人類学者が研究する集団には、民族や国民のように長い時間をかけて形成されるものもあれば、企業・産業・学校・病院・福祉・芸能・ポップカルチャー・災害などとの関連でつくられる多種多様な集団のように、歴史が比較的浅くて短命のものもあるからである。具体的な歴史の長さは、これも当該集団の成員が集合的特質を表出するのに必要な時間、というように緩やかに規定しておく。要は、民族とは規模も歴史も異なる集団を研究するようになったからといって、民族そのものを研究対象から外す必要はないのである。

二　文化とは

1　文化の古典的定義

人類学でもっとも古典的な文化（culture）の定義は、イギリスのエドワード・タイラー（Edward Tylor）が『原始文化』（原著一八七一年）の冒頭で下したものである。タイラー曰く、「文化または文明とは、その広義の民族誌的意味において、知識、信仰、芸術、道徳、法律、慣習、および人間が社会の一員として獲得したすべての能力と習慣を含む、あの複合的全体（complex whole）である」[Tylor 2010 (1871): 1]。

この定義には二つのポイントがある。第一は、文化を優れた芸術や学術に限定せず、人間のありとあらゆる営みに当てはめたことである。これは、当時のイギリスの文芸評論家らが抱いていたエリート主義的な文化観に対する挑戦であった。第二は、「人間が社会の一員として獲得した」という文言に明らかなように、文化を遺伝ではなく学習の結果身につけたものとして理解したことである。要は、人間の存在そのものが文化的であるとタイラー（および後世の人類学者）は捉えたわけだが*、これが世界的にどれほど画期的な見方であったかは、日本でも比較的最近まで近代的で洗練されたものだけを文化と呼んできた——そしていまだに一一月三日は「文化の日」と呼ばれている——事実を想起すれば十分であろう。

ただ、タイラーの定義には一つ難点があった。それは文化と文明をほぼ同一視したことである。文化を人間が成長する過程で獲得した諸特徴として定義する以上、複数の異なる文化間には違いがあるのみで上下関係はない。たとえば、西洋人の握手と東洋人のお辞儀は異なった挨拶の表現にすぎず、どちらが優れているかという問題ではない。一方、文明は技術的・物質的所産や精神的に開花した状態を示すので、どうしても優劣や進歩が問題になる。そのため、文化と同一に扱うことはできないのである。特に西洋の人類学者の間では、ルイス・モルガン（Lewis Morgan）に代表される一九世紀の社会進化論者が近代西洋だけを文明視して、その他の地域を「野蛮」または「未開」扱いしたので**、文明概念そのものに対する嫌悪感が強い。

図3　「人類学の父」と呼ばれるタイラー（一八三二～一九一七）

*タイラーは文化を相対主義的に定義したものの、『原始文化』ではアニミズムから最高神（supreme deity）への信仰という宗教の進化を論じたり、「文明人」は「野蛮人」より賢くて幸せであるなどと述べたりして、実際には単系社会進化論者であった。ただし、彼の時代の支配的見解は、野蛮人に宗教はないというものであったことに留意したい。

**モルガンは『古代社会』（原著一八七七年）の中で、人類社会の発展を「野蛮」「未開」「文明」の三段階に分類して、文字の発明と使用を文明の始まりと考えた。しかし、彼の言う文字とは事実上西洋のアルファベットのことであった。

文化と文明の差については、西洋内部の複雑な事情も絡んでいた。近代において、フランスは他を圧倒する大文明を築き上げた。その思想的基盤は理性・進歩・科学・普遍性などを標榜する啓蒙主義であった。そのことに、国家として統一が遅れたドイツは引け目を感じていたが、彼らはフランスへの対抗として理性より感情を重んじ、また人類の普遍性より民族の個別性を称揚して、民族精神（*Volksgeist*）の独自性を強調した。*

こうした知的伝統を受け継いで、移住先のアメリカで文化（ドイツ語の *Kultur*）という観点から各民族の独自性を説いたのが、後に「アメリカ人類学の父」と称されたドイツ生まれのフランツ・ボアズ（Franz Boas）である。後述のように、文化間の平等を説く文化相対主義はボアズの遺産の一つだが、民族文化の研究を核とする人類学がアメリカで発達したのは、ボアズ経由のドイツ的文化観の影響によるところが大きい。**

2　文化概念の六つの特徴

ボアズと彼の弟子のルース・ベネディクト（Ruth Benedict）やメルヴィル・ハースコヴィッツ（Melville Herskovits）らが発展させた文化の概念には、次のような特徴がある。①文化は学習される。②文化は同一集団の成員によって共有される。③文化には理念と現実の両方の側面がある。④文化を構成する様々な要素は統合されている。⑤文化は自然界への適応の手段である。⑥文化は時の経過と共に変化する。***

①は既に述べたので、②以下を簡単に説明しておこう。まず、同一集団の成員が文化を共有するということは、たとえば、日本人が日本語を第一言語として話し、日本の学校に通うことによって似たような価値観を身につけるということである。③の理

*代表的論客に、ドイツロマン主義の旗手ヨハン・ヘルダー（Johann G. Herder）がいるが、言語と世界観の密接な関係を説いたヴィルヘルム・フンボルト（Wilhelm von Humboldt）も、この民族精神との関係で語られることがある。

**フランスの文明概念とドイツの文化概念の違いを歴史的に解き明かした名著に、西川長夫『増補　国境の越え方』（二〇〇一年）がある。文明概念の再評価については、桑山敬己「文化の概念」（二〇〇九年）を参照。

***詳細は桑山敬己「文化」（二〇〇五年）を参照。

念と現実とは、理想的な状況で「やるべきこと」と、現実の生活で「やっていること」は必ずしも一致しないということである。ただ、双方は影響し合う。たとえば、日本では目上の者に対して敬語を使うことが期待されているが、実際にはその通りに話すわけではない。しかし、たとえ無礼な言葉を使ったとしても、話し手の心の中ではその無礼さが意識されている、つまり確信犯的に規則を破って行動していることが少なくない。

④の文化の統合とは、たとえば文化を構成する要素としての言語・政治経済・宗教が、日本の場合、敬語・年功序列・先祖崇拝といった上下関係重視の「モチーフ（主題）」によって統一されていることを示す。⑤の自然界への適応の手段としての文化は、高温多湿の日本では寒さを防ぐより暑さをしのぐように家屋が発達した、という例を考えれば理解できるだろう。そして⑥の文化の変化の例としては、長らく日本人の主食であったコメの地位が、第二次世界大戦後、パンによって脅かされている事実が掲げられる。もっとも、稲は亜熱帯植物であるから、元来、日本より暑い地域から伝播してきたものである。また、近代になって西洋から入ってきたパンも、アンパンのように西洋人にはとてもパンとは思われないものに姿を変えている。文化変化の三つの大きな要因は発明・伝播・改変である。

3 グローバリゼーションと文化概念の見直し

グローバリゼーション（globalization）とは、輸送手段やメディアなどの発達によって、人・モノ・資本・情報の流れが地球規模で進み、その結果もたらされた「時間と空間の圧縮」により、世界各地に密接な相互関連が生じた二〇世紀末以降の状態または過程を示す［桑

山 二〇〇二：五四］。それ以前にも、シルクロードのような東洋と西洋を結ぶ路はあったが、今日のグローバリゼーションとは規模とスピードがまったく異なる。

こうした状況下では、ボアズ流の文化概念を再考せざるを得ない。上述のように、ボアズがドイツから持ち込んだ文化概念の単位は基本的に民族であった。そこには、一つの場所に一つの民族が住み、独自の生活を先祖代々営んでいるという大前提があった。それゆえ、文化と「民族の生活様式」は同義であり、民族の数と同じだけ文化の数があるというのが人類学者の立場だった。それは西洋のエリート主義的文化観との決別であり、思想史上の一大出来事でもあった。だが、グローバル化が進んだ今日、文化はそれを生んだ民族の手を離れて、世界各地で共有または享受されるようになった。いわば、民族の枠を越えた文化の「大量消費」の時代が始まったのである。

一例を挙げよう。鮨は日本の伝統文化の一つである。一般化したのは酢の大量生産が可能になった一六世紀以降なので、実は日本人が考えているほど歴史は古くないが、ここでそれは問題ではない。重要なのは、日本で生まれた鮨という文化が、今日、国境を越えて世界の人々に愛されるようになったということである。たとえば、アメリカの西海岸では、既に一九八〇年代に鮨を提供するレストランが随所に登場し、東洋系はもちろん、西洋系の客で賑わっていた。そして、当時まだ世界的になじみの薄かった日本酒も、かなりの人気を博していた。つまり、鮨とその周辺にある日本の食文化は、日本人以外にも共有され、享受され、消費され始めたのである。事実、鮨を食べるのに日本人である必要はないし、日本語や日本的価値を身につけていなくても構わない。民族と一体化した文化観の見直しが迫られている所以である。*

*同じことは「クールジャパン」の代名詞となったアニメやマンガなど、現代日本のポップカルチャーにも言える。茶の湯、生け花、書道、柔道といった伝統文化は言うまでもない。さらに付け加えれば、柔道や他の武道・武術の背後にある日本の精神に惹かれて来日し、日本に住み続ける外国人がいるように、価値観や思想も民族の枠を越えていく。

4　文化と社会はどう違うか

かつてイギリスの社会人類学者は文化と社会（society）を明確に区別していた。彼らにとって、社会とは特定の地域に見られる人々の関係、つまり、とある場所に住んでいる諸個人が織りなす関係を意味していた。それに対して、文化とはそうした関係を表現する有形無形のもの——たとえば、儀礼の背後に潜む宇宙観や、そこで使われる道具や衣装など——を指していた。** だが今日、こうした厳格な区別が顧みられることは稀で、二つの言葉は並列的に使われることが多い。

しかし、文化と社会の区別が有益な局面がいくつかある。その一つは、複数の異なる社会集団が同じ文化を共有または享受していながら、政治的紛争の当事者となっている場合である。文化交流が活性化する中で、竹島／独島の領有権をめぐって対立が続く日本と韓国の関係はその典型である。以下、この問題を具体的に考えてみよう。

日本が領有権を主張する竹島（韓国名は「独島」）は、一九五二年以降、韓国が実効支配している。この事実は両国間の火種として燻り続けていたが、二〇一二年、李明博が韓国の大統領として初めて上陸すると、日韓関係は一気に悪化した。元々、韓国では日本による朝鮮の植民地支配（一九一〇～一九四五）に対する反発から、対日感情には厳しいものがあったが、この出来事を契機に若者の間でも領土意識が先鋭化した。図4はソウルの名所インサドン（仁寺洞）で、独島の領有権を主張するうら若い女性たちの姿である。右端のプラカードには、英語と韓国語で「独島の帰属は韓国、独島は我が領土」と書かれている。対する日本では、韓国や朝鮮半島に出自をもつ人々（コリアン）に対して、人種差別や人権蹂躙の恐れがある発言やデモが相次いだ。こうした政治的対立は、

**E・R・リーチ『高地ビルマの政治体系』（一九八七年）の序章と、同『社会人類学案内』（一九九一年）の第一章を参照。

図4　竹島／独島の領有権を主張する韓国の若者（二〇一一年　撮影：桑山敬己）。

二〇一八年一一月、韓国の最高裁判所にあたる大法院が、一部の在韓日本企業に対して、第二次世界大戦中の「強制労働」に対して賠償金を支払うように命じるに至って、政府レベルでも先鋭化した。

その一方で、かつて日本におけるコリアンへの差別の象徴であったキムチが、一九八〇年代半ば頃から高級食材を売る「デパ地下」で見られるようになり、今日では日本の家庭の食卓にも並ぶようになった。また、韓国で二〇〇二年に放映されたテレビ映画『冬のソナタ』が翌年から日本でも放映されると、一大「韓流ブーム」が起きて、日本人女性が主演の男優を「追いかけ」て韓国を訪れるという現象さえ現れた*。同様に、長らく日本の大衆文化の流入を制限してきた韓国でも、一九九八年以降は徐々に解禁したため、今日ではテレビでも日本の作品が流されるようになった。その後の日韓両国におけるＪポップやＫポップの人気は、こうした下地があったからこそ生まれたと言えよう。ちなみに、韓国の大学食堂では「日本式」を意味する「日式」メニューを目にすることがあり、たとえば「うどん」は우동（ウドン）として提供されている。

領土問題ではお互いに決して譲ろうとしない日本人と韓国人が、もっとも身体感覚に近い食べ物からポップカルチャーに至るまで、非常に多くの文化を共有・享受している事実を、いったいどのように説明したらよいだろうか。

この問題を解く一つの鍵は文化と社会の区別にある。エドモンド・リーチ（Edmund Leach）によれば、社会とは「領土的に（territorially）決定される何らかの政治的単位」であり、それはある時点において「地図上の一つの場所に集合的に見いだされ、何らかの共通利益で結ばれている特定可能な諸個人」［Leach 1982: 41］から構成される。この定義で注

*概して花嫁は花婿より下位の集団の出身者が多い。人類学ではこれを「ハイパガミー（**hypergamy**）」と呼ぶ。この観点からすると、韓国人男優の「追っかけ」をする日本人女性は、かつての宗主国日本と植民地朝鮮の地位が、大衆文化の分野で逆転した徴とみなすことができる。

目すべきは「領土的に決定される」というくだりである。なぜなら、領土は基本的に縄張りであるから共有は難しく（所有権を問わない共同管理は可能である）、相手に譲ったら自分の領土が減るという「ゼロサム（zero sum）」関係にあるからだ。ゼロサムとは、一方の持ち分が増えたらそれだけ他方の持ち分は減るという、総和がゼロの状態を示す。つまり社会は、その物質的基盤である領土とそこに築かれた関係において、別の利益で結ばれた人々と共有することが難しいのである。

それに対して文化は、食べ物のように有形なものでも言語のように無形なものでも、民族や国境の枠を越えて共有することができる。日本人が韓国の「国民食」とまで言われるキムチを食べても、韓国人から苦情が来ることはない。むしろ、彼らの国民的誇りを高めるだろうし、国際空港のようにお土産として販売すれば経済的効果もある。事実、ポップカルチャーを中心とする今日の文化産業は、国際市場で自国の製品を「売る」ことを最初から想定して戦略を練っている。また、韓国人が日本語を熱心に勉強して話しても、それを咎める日本人はいない。それどころか、自分は何もせずに意思疎通ができるのだから大歓迎である。つまり、軽い印象を与えるかもしれないが、文化は「消費可能」なのであり、特にグローバリゼーションの時代にあっては、上述のようにいとも簡単に越境していく。換言すれば、文化は複数の社会をクロスカットして共有され得るのである。

ただ、ある集団の文化が一部の人々によって独占されたり、外部の者によって流用されたりして、予想外の利益や利権が生み出された場合、元々の文化の「所有権」は誰にあるのかが問題になる。先住民のアートや薬草に関する知識をめぐる所有権争いはその典型である。もっとも、こうした問題は文化が民族や国の枠を越えて「消費可能」

で、多くの人の間で共有され得るからこそ起きると言えよう[*]。

また、多文化共生研究が明らかにしたように、文化の消費は衣（Fashion）、食（Food）、祭（Festival）という3Fの分野で顕著に見られる。そのためか、ある文化がそれを生んだ人々の間でどのように意味づけられて、他の文化要素とどのように関連しているかが問われることはめったにない。つまり、文化の消費は一種の「つまみ食い」なので、その背後にある奥深いものまで見ようとしない限り、異文化は自己の欲求を満たすだけの存在に成り下がってしまう。

いずれにせよ、文化と社会を概念的に区別してみると、あくまで一例に過ぎないが、日韓の間で「文化交流」が進んでいるにもかかわらず、政治問題はいっこうに解決しない理由が分かるだろう。むしろ、今日のように若者の間で文化の共有度が高くなればなるほど、自己を他者から差異化するために、領土のように共有できないものに焦点が当たる。そして、領土の上に築かれた社会関係が、現実のものであれ仮想のものであれ「外敵」と対抗するために強化され、ナショナリズムが昂揚するという逆の構図が現れる。竹島／独島はその象徴である。

三　文化相対主義

1　文化相対主義の定義

文化相対主義（cultural relativism）とは、民族のようにある一定の規模と歴史をもった人間集団の生活様式（way of life）そのものを文化として捉え、各々の文化の独自性と文化

＊同様の問題は無形文化遺産の登録をめぐって既に起きている。登録数の多い東アジアで起きた典型的な例として、端午の節句に関する韓国と中国の「所有権争い」がある。

間の平等を説く立場である。文化相対主義は、それに先行した社会進化論とは対照的に、文化と文化の差を人類進歩の異なる発展段階の指標としてではなく、あくまで習慣の違いとして理解する。それは、差異を差異として尊重し、異質な他者に対して敬意を払い、たとえ彼らの思考や行動が我々の眼には奇異で不可解に映っても、彼らが選んだ生き方を最大限に許容するという、いわば「寛容」の精神に基づいた他者との接触法である。そのため、文化相対主義は理論というより異文化に対する一種の「構え」(心の在り方)であり、倫理的または道徳的な側面が強い。[**]

＊＊本節の議論は桑山敬己「文化相対主義の源流と現代」(二〇一八年)に基づいている。

2　ボアズの相対的文化観

こうした相対的な文化観の樹立に大きく貢献したのが上述のボアズである。以下の文章は、一八八三年、彼がグリーンランド西方のバフィン島を訪れて、イヌイットと生活を共にしたときに書き残したものである。当時、イヌイットは「野蛮人」として蔑まれていたことに鑑みると、ボアズの見方は極めて前衛的であった。

この「野蛮人」たちは、ありとあらゆる窮乏に苦しんでいる。それなのに、誰かが猟から獲物を持ち帰ってくると、皆で喜び飲み食いを共にするのだ。何と美しい習慣ではないか。彼らを見ていると、我々「良き社会」は「野蛮人」に比べていったいどんな利点があるのか、私には疑問に思えてくる。彼らの習慣を見れば見るほど、我々には彼らを見下す権利なぞないということが分かるのだ。そもそも、白人社会でこれほど人を手厚くもてなすことがあるだろうか。ここの人間は、

図5　「アメリカ人類学の父」と呼ばれるボアズ(一八五八〜一九四二)

自分に求められた仕事は、すべて一言の文句も言わずにやり遂げようとする。たしかに、彼らの習慣や迷信は、我々には馬鹿げているように見える。しかし、だからといって、彼らを責める権利は我々にはない。むしろ、我々のように「高度な教育を受けた人間」のほうが、相対的に見ればよほど劣っている。〔中略〕私の周りには、生のアザラシのレバ肉で口をいっぱいにしたエスキモーが座っている（この紙の裏の血痕を見れば、私が彼らといかに行動を共にしたかが分かるだろう）。思想家として、今回の旅の最大の成果は、「文化的な」人間とは単に相対的なものであって、人間の真の価値は「心の教育（*Herzensbildung*）」にある、という思いが強くなったことであろう（〔桑山　二〇〇五：二一一―二一二〕より引用）。

ボアズ門下の文化観は、今日、世界に普及した文化人類学の根幹をなすが、表面的な解説が少なくないので、ここでは三つのことに注意を喚起したい。①ボアズは西洋を人類進歩の頂点とする社会進化論には強く反発したが、あまり系統だった思想の持ち主ではなく、むしろ彼の強みは個々の文化を歴史的に研究することにあった。ボアズにとっての歴史とは、各文化が現在の姿をとるようになった過程を意味する。それゆえ、彼の立場は「歴史個別主義」と呼ばれる。②「文化相対主義」という言葉はボアズ自身が考案した形跡はなく、彼の元学生、特に没後に刊行された『文化相対主義』（一九七二年）の著者ハースコヴィッツの尽力によるところが大きい。③概説書的理解では、文化相対主義と対立するのはエスノセントリズム（ethnocentrism 自民族中心主義）であり、西洋文明を絶対視した社会進化論はその極みだと考えられている。だが、ボアズが文明概念を放棄した事実はない。* むしろ、彼は未開民族や非西洋文明を鏡として西洋文明の向上を目指した。ボアズにとって西洋文明はあくまで発展途上にあり、それを人類進歩の頂点と見誤って傲慢に振る舞う同時代の西洋人を諫めるのが、彼の人類学の大きな特徴であった。

3　文化相対主義と現代

一九世紀末期から二〇世紀初頭にかけて登場した文化相対主義の意義を、今日の文脈で考えるにあたって留意しなければいけないのは、西洋と非西洋の力関係が当時と現在ではかなり異なるという事実である。たとえば、ボアズがイヌイットに「優しく」接することができたのは、彼らと西洋人の間にすべての局面で圧倒的な力の差があり、同情（compassion）を寄せるだけの余裕があったからである。しかし、今日私たちが住んでいる世界は、政治的にも経済的にも軍事的にも、そうした西洋人の余裕が失われるほど力関係が拮抗または逆転している。

具体的に考えてみよう。中国は一九七八年の「改革開放」政策により急速な経済成長を遂げて、今日では「自国第一主義」を掲げるドナルド・トランプ（Donald Trump）のアメリカと、激しい「貿易戦争」を繰り広げている。そればかりか、東シナ海の軍事的制海権をめぐって、米中は対立を繰り返すようになった。一九世紀半ばのアヘン戦争後、半植民地化の憂き目にあった中国が、近代西洋の雄アメリカと「覇権争い」をするまでに大国化したのである。さらに、二〇〇一年九月一一日に起きたアメリカ同時多発テロ事件以降、西洋諸国ではイスラム教徒を名乗るテロリストの脅威が日常化し、

＊沼崎一郎「フランツ・ボアズにおける『文化』概念の再検討（三）」（二〇一五年）を参照。

異教徒に対するかつての寛容は暴力による排除に取って代わられ――ネオナチによるドイツのトルコ移民に対する暴力を思い浮かべてみよう――、イスラム系以外の移民に対する排斥運動も各地で見られるようになった。近現代を主導してきた西洋の相対的地位はあらゆる局面で低下しており、それに伴って西洋人は異文化に対するかつての余裕を失いつつある。

　こうした状況下で、文化相対主義は一般の西洋人からはもちろん、様々な分野の学者からも辛らつな批判を受けることになった。彼らの最大の批判の一つは、文化相対主義に従えば善悪の判断をすることはできず、テロのような反社会的・反倫理的な行為でさえ正当化されてしまう、というものである。特に、ヨーロッパ大陸では、相対的文化観に基づく多文化主義（multiculturalism）こそが少数民族の「文化的ゲットー化」を生み*、そこで育まれた非伝統的価値観（たとえばキリスト教に対するイスラム教の教え）が、多数派の生活を脅かしているという感情が燻っている**。彼らにしてみれば、後から来た他者の文化を丸ごと尊重せよというメッセージは、歴史を無視した逆差別にすぎないのである。

　では、文化相対主義にはもう価値がないのであろうか。それは歴史的使命を終えた思想史上の一事件に過ぎないのであろうか。評価は分かれるだろうが、拙速な判断は禁物である。そもそも、ボアズが説いた相対主義的文化観は、非西洋なかんずく未開人の習慣の中には、西洋から見れば奇妙なものがあるかもしれないが、彼らから見れば我々も同じだという認識から出発している。しかし、近代の覇者である西洋人は自文明に酔いしれて己の真の姿が見えない、それゆえ西洋人は非西洋人を同価値の存在とみな

*多文化主義は、元来、民族的に多様な国家にあって、同化に代わる国家統合の手段として採用された政策である。その根底には、人類学の伝統的文化観に倣って、文化を民族の生活様式として捉え、両者を一体のものとみなす発想があった。異民族が相互の文化を尊重して良き隣人として暮らすことが期待されたが、現実には少数民族と多数民族の接触は限られ、また少数民族同士の接触も限定的で、一国内で複数の少数民族の文化が政治の中心から離れたところで乱立する結果となった。

**同様の問題は、二〇一八年、第二次安倍内閣のもとで、労働力不足を補うために事実上の移民受け入れを決定した日本でも、遅かれ早かれ見られるようになるだろう。

して、彼らを鏡にしてより成熟した自己へと変革を図るべきだ、というのがボアズの主張であった。つまり、ボアズが他者を見る眼は自己成長を目標とした再帰的なものであって、他者を無制限に認めるというものではなかった。ボアズが彼らに与えたのは、あくまで植民地主義的状況下での「相違の権利（right to difference）」――劣位に置かれた自己が自らの文化的独自性について優位を占める他者に主張する権利――にすぎない。

いまだ限定的であるとはいえ、非西洋が西洋と肩を並べる力を獲得した今日、まったく同じことが非西洋人についても言える。なぜなら、彼らは近現代を主導したかつてのトップランナーを鏡として自らの価値や伝統を見直し、必要に応じて自己を変革する勇気を持たなければならないからだ。この過程における「相違の権利」は西洋にある。その意味で、一九八〇年代の西洋諸国による人権外交に反発した一部の東アジア諸国が、「人権は西洋の理念だから我が国には当てはまらない。我々の文化を尊重せよ」などと反論したことは、文化相対主義の政治的乱用に他ならない。

異文化を鏡として自文化のラディカルな見直しを相互に行うこと。これこそが文化相対主義の真髄であって、それはグローバル化する現代にこそ不可欠な精神である。

四　国民・民族・人種

本節で論じる問題は、言語の違いによって理解が異なるだけでなく、国や地域の特性と歴史によって状況がかなり異なるので、日本を含む東アジアを中心に解説する。

1　国民と民族の区別

まず「国民」と「民族」の区別から始めよう。一般に、国民（集合ではなく個々人を指すときはnational）とは、特定の国家（state）の国籍を持ち、国家の構成員として一定の権利と義務を担う者を指す。国籍の付与には、帰化を除くと生地主義と血統主義があり、前者では出自に関係なく特定の国に生まれた者に国籍が与えられる。後者にあっては、両親または親のいずれかが国民の場合か、出自的に国家との関係が認められる場合などに国籍が与えられる。国籍付与の条件は国によって異なり、各々の国籍法に明文化されている。*

一方、「民族」は分野によって捉え方が違うのみならず、同じ分野でも研究者によって定義が異なる。人類学における古典的定義としては、綾部恒雄による「一定の地域に住み、同じ言葉を話し、長い歴史のあいだに共通の生活慣習をつくりあげ、漠然としてではあるが共通の祖先から出た人間としての〈われわれ〉意識を共有する人びとの集まり」［綾部　二〇〇六：七六］が代表的である。この定義の問題点は後で検討する。

日本を例に取ると、「日本人」は国民の名称であり、「大和」や「アイヌ」は民族名である。隣国の中国には、今日、国家が承認した民族が五六あり、国民の約九割を占める漢族以外は少数民族である。人口が大きい少数民族には、チワン族、満州族、回族、ウイグル族、ミャオ族、モンゴル族、チベット族、朝鮮族がいる。** 同じく隣国の朝鮮は、第二次世界大戦後、大韓民国（韓国）と朝鮮民主主義人民共和国（北朝鮮）という二つの国家に分れたが、民族的には共に「朝鮮人」であり、この事実が「祖国統一」のスローガンに大きな役割を果たしている。***

＊日本では、かつて外国人の父と日本人の母の間に生まれた子には国籍が与えられなかったが、一九八五年以降はどちらかが日本国籍を保持していれば与えられるようになった。二重国籍保持者は二二歳に達する頃にどちらかを選択しなければならない。

＊＊中国国民の身分証である「中華人民共和国居民身分証」には、「民族」の欄に民族名が記載されていて、少数民族はいくつかの点で優遇されている。たとえば従来の「一人っ子政策」は適用されなかったし、現在でも大学受験や公務員試験のときに点数が加算される。

＊＊＊民族名としての「大和」は戦前の国家主義を想起させがちなので、本章では「和人」と言い換える。ただ、国民としての「日本人」の大多数は和人であるから、特に断り書きがない限り、「日本人」は国民と民族の両方を意味するものとする。いずれの意味で使っているかは文脈による。

2　人種という神話

民族と人種はよく混同されるので、後者についてひとこと触れておこう。概して日本では、人種というと「白人（コーカソイド）」「黒人（ネグロイド）」「黄色人（モンゴロイド）」という三つの範疇に分類されがちだが、こうした分類に学問的根拠はない。まず、肌の色そのものについて考えると、同じアメリカの黒人でも褐色に近い人と濃色の黒に近い人がいる。肌の色は明確に分類できるものではなく、スペクトルのように微妙に異なる色の連続体である。また、物理的にまったく同じ色でも、言語が異なると表現も異なる。たとえば、褐色の肌はアメリカ英語ではbrownだが****、日本語の「茶色」に含まれる「薄茶」（たとえば茶封筒の色）はorangeに近い。さらに、同じ色の肌をもった人間でも社会によって分類は異なる。たとえば、第四四代アメリカ合衆国大統領のバラク・オバマ（Barack Obama）は「黒人」と呼ばれたが、彼の母親はアメリカの白人なので（父親はケニア出身）、「白人」と分類されても不思議ではなかったはずである。そうならなかったのは、長い間、アメリカには黒人の血が一滴でも入っていれば黒人と呼ぶという「一滴主義（one-blood rule）」が影響していた。

このように、肌の色一つとっても、人種は客観的基準によって同定できるものではなく、むしろ社会によって作られたものである。人類学的研究の対象となるのは、主にこの社会的構築物としての人種であり、つい最近までクレヨンの「肌色」といえば、大多数の日本人の肌の色を指してたというような無意識のバイアスも研究対象となる。

****アメリカでは一九九〇年代頃からヒスパニック系の人口が急増したため、このままでは国の姿が変わってしまうという意味を込めて、"the browning of America" という表現が用いられた。

3　民族にまつわる現代的問題

先に掲げた綾部による民族の定義は、グローバリゼーションの時代に段々とふさわしくなくなった。日本を例に取ると、まず「一定の地域に住み」というくだりは、国内外の移住が激しくなった時代には疑問が残るし、「同じ言葉を話し」というくだりも、外国に生まれ育って日本語が不自由な日本人がいたり、逆に日本語を流暢に話す外国人が増えたりしている時代にはそぐわない。同様に、「共通の生活習慣」とはいっても、現代のアイヌ民族はもちろん、増加の一途をたどる外国人も、多くの点で和人／日本人と生活習慣を共有している。さらに、「共通の祖先」というくだりは、いわゆる「混血児」の存在を考慮していない。要は、「〈われわれ〉意識」の〈われわれ〉が、誰のことだか明確ではない時代を私たちは迎えたのである。

4　民族にまつわる理論的問題

実は、このような時代の変化がなかったとしても、民族という概念にはさまざまな困難があると指摘されてきた。ここでは以下の三点を取り上げる。

第一に、私たちは特定の名を持った民族が客観的に「そこ」にいると考えがちだが、誰がどのような状況で何と名乗るか、または呼ばれるかは必ずしも明確ではない。たとえば、アイヌは明治以降の同化政策によって差別を受け、現在でも経済的に困窮している人が少なくない。スティグマを避けるため、普段はアイヌを名乗らず和人として振る舞っている人が相当数いるが、ある局面では（たとえば政治集会や民族儀礼に参加するときなど）、アイヌであることを前面に打ち出すことがある。こうした事実をもって、民族に確固とした実体はなく、民族は状況次第で現れたり消えたりする「現象」にすぎない——さらに言えば、民族は「虚構」である——と主張する向きもある。*

第二に、上記の実体にまつわる議論と関連して、特定の局面で特定の民族を名乗ることによって、何らかの利益や補償（たとえば政府や地方自治体からの援助）を得たり、自らの人生目的（たとえば政界への進出やキャリア・アップ）を達成したりすることができる。民族とはそうした「便宜的」な手段に過ぎないという立場を「道具主義」という。これに対して、民族は長い時間をかけてつくられた集団で、その成員は領土、出自、言語、宗教などによって繋がっているという立場を「原初主義」という。**

第三に、第二節「文化とは何か」において、グローバル化時代の文化は民族と一体化したものではないと述べたが、東南アジア北部の山岳地帯のように、比較的狭い地域に複数の民族が隣接して暮らしている場合、このことはそれ以前にも当てはまった。また同地域では、とある民族集団の成員が別の民族集団に移ることがしばしばあるが、民族区分そのものは消滅しない。フレドリック・バルト（Fredric Barth）はこうした事実に注目して、民族間の境界（boundary）を維持するものは、各民族に独自の文化的特質ではなく、成員のアイデンティティであると主張した。これを「民族境界論」という。

5　ネーション（nation）と国民国家（nation state）

言葉の歴史を辿ると、「民族」という日本語は英語の「ネーション（nation）」の訳語だったようだ。日本の学校教育では、ネーションに「国」という訳語を当てるので、不思議に思われるかもしれないが、意味の変遷を記した『オックスフォード英語辞典』（O

＊後述のネーションとの関係で注意すると、『想像の共同体』（原著一九八三年）の著者ベネディクト・アンダーソン（Benedict Anderson）は、ネーションを「想像された（imagined）」ものとみなしたが、「想像上の（imaginary）」のものだとは言ってない。後者は実体のない「虚構」を想起させる。アンダーソンの論点は、ネーションの成員のほとんどはお互いに面識がないのに、同胞愛によって結ばれた共同体に属していると信じており、その存続のために自らの命をなげうつことさえ厭わない、というものである。

＊＊道具主義と原初主義は、それぞれ「構築主義」と「本質主義」の一例である。構築主義は特定の事象を広義の政治的理由によってつくられたとみなす。それに対して、本質主義は歴史的に不変な核の存在を強調する。

ED）を参照して日本語との対応を考えると、ネーションのもっとも古い意味は、人種的な意味合いの強い「種族」か、比較的小さな集団を指す「部族」に近かった。その後、集団の規模が拡大して政治的統一が図られるようになると「民族」に変化し、さらに国際関係の基礎が築かれた一七世紀以降に「国民」を意味するようになった。「国」としての語法はイギリスよりアメリカで発達したようだが、初出は「国民」と同時期かと思われる。

東アジア（日本・中国・朝鮮）では、「民族」と「国民」が概念的にも言葉のうえでも明確に区別されている。だが英語にこうした区別はない。そのため、**people, ethnic group, nation**（および定冠詞のtheを人間集団の名称や地名の形容詞形につけた言葉。たとえば「ヌエル族」のthe Nuerや「バリ人」のthe Balinese）を、文脈によって「民族」（「族」を含む）または「国民」あるいは「○○人」と訳し分けている。このことが、民族を論じるにあたって、東アジア語圏と英語圏の間のズレを生んでいるが、*特に問題となるのは**nation state**（またはハイフン付きでnation-state）である。なぜなら、今日の日本語の文献で**nation state**はほぼ「国民国家」と訳されているが、**nation**には「民族」の意味もあるので、「民族国家」と訳したほうがよいときが散見されるからだ。

ナショナリズム研究の泰斗ハンス・コーン（Hans Kohn）の古典的類型を援用すると、**nation state**には次の二つのタイプがある。一つは共和制のフランスに代表される「市民（civic）型」で、このときの**nation**の意味は、出自にかかわらず、同一国家で平等な権利と義務を負う個人の集まり、つまり国民に近い。もう一つは戦前のドイツに代表される「エスニック（ethnic）型」で、このときの**nation**の意味は、出自・言語・文化などを

*たとえば、日本語の「民族主義」は「国家主義」と区別されるが、英語では共に**nationalism**と表現される。こうした事情を反映して、ウォーカー・コーナー（Walker Connor）は前者を**ethnonationalism**と呼んで区別した［Connor 1994］。

共有する個人の集まり、つまり古典的定義における民族に近い。いずれの場合も、一つの nation に一つの state（国家）をつくるという統合が目指されるが、国家の基盤となる nation の意味や理解が違うのである。

日本は「エスニック型」なので、圧倒的多数を占める和人という民族を基盤として、近代国家日本はつくられた。** その過程で、アイヌや琉球などの周辺民族が服従と同化を強いられ、彼らは言語を奪われたのみならず、*** 日本国民となった後も出自で差別され続けた。少なくとも、研究者の間ではこのような語りが行われてきたが、それはエスニック型の nation state を前提としているからである。彼らの語りは、啓蒙主義に基づくフランスの文明論と対比されるところの、ロマン主義に基づくドイツの文化論と親和性が高い。

なお、ネーションの基盤は領土であり、そこに住む人々は強い政治的独立志向をもっている。これが後述の「エスニック・グループ」との大きな差であって、たとえば北米先住民のナヴァホ（the Navajo）が“We the Navajo Nation”と叫ぶとき、それはアメリカ合衆国から独立して、自ら主権を持つ国をつくるという意思が込められている。****

6　エスニック・グループとエスニシティ

現代英語で日本語の「民族」にほぼ相当する言葉は ethnic group（エスニック・グループ）である。英語には ethnic の名詞形がないので、形容詞の ethnic の後に group や community などの名詞をもってくる。「エスニシティ（ethnicity）」という名詞は、エスニック・グループが表出する特質（あえて日本語に訳せば「民族性」）を指す。

** アーネスト・ゲルナー（Ernest Gellner）によれば、ネーションは近代の産物であり、ナショナリズムはネーションから生まれるのではなく、むしろ政治的理由によってナショナリズムが先行して、その結果としてネーションが生まれる［ゲルナー 二〇〇〇］。彼の立場を「近代主義」という。それに対して、弟子のアントニー・スミス（Anthony Smith）は、ネーションの中核には長い時間をかけて醸成された「エトニー（*ethnie*）」があると主張した［スミス 一九九八］。

*** 今日アイヌ語を母語とする者は事実上皆無だし、沖縄では標準語普及のために教育現場で「方言札」が乱用された。

**** 一八六八年の条約によって、ナヴァホの居留地は“Navaho Indian Reservation”と呼ばれていたが、一九六九年、公民権運動に触発されて「インディアン」も立ち上がった時期に“Navaho Nation”と改称された。

エスニック・グループは、一九六〇年代以降、アメリカで盛んに論じられたが、同国では基本的に多数派のWASP（White Anglo-Saxon Protestant）とその周辺以外の人々を意味する。つまり、アメリカという一つのnation stateの内部で、エスニック的に少数派に属する移民・移住集団（たとえば日系アメリカ人）を指す。彼らはかつて「ハイフン付きのアメリカ人」（日系人ならJapanese-American）と呼ばれていた。一方、ヨーロッパにおけるエスニック・グループは、「近代的ネーションの成立以前に存在する何らかの共同体、つまり近代的ネーションの原型を意味する場合がある（たとえば、シェークスピア時代のイングランド、植民地時代以前のヴェトナム等）」［吉野　一九九七：二〇］。

塩川伸明『民族とネイション』（二〇〇八年）を参照して、先に掲げたnation stateの二類型との対応を考えると、およそ次のようになる。第一の「市民型」のnation-stateにあっては、「多様なエスニシティに属する人々が、そのエスニックな差異を超えて、一つの国の市民としての共通性をもつ」［塩川　二〇〇八：一四］。そのため、ネーションとエスニシティは明確に区別され、エスニック・グループはネーション（この場合は「国民」）の下位集団となる。一方、第二の「エスニック型」のnation stateにあっては、多数派のエスニック・グループの特質、つまりエスニシティが政治化して国家形成の基盤となり、一つの国民がつくられる。そのため、国民は多数派の民族と非常に近いものになり、これら二つがほぼ一体化したものが「ネーション」という言葉で表される。

このような理解に基づいて、「民族」「国民」「ネーション」「エスニック・グループ」の対応を示したものが図6である。ただし、冒頭で述べたように、国や地域の歩みによって「ネーション」（および他のヨーロッパ諸語でそれに相当する言葉）の意味は微妙に異なるの

図6　基本用語の日英対応
（塩川伸明『民族とネイション』［二〇〇八：九］を一部改変）

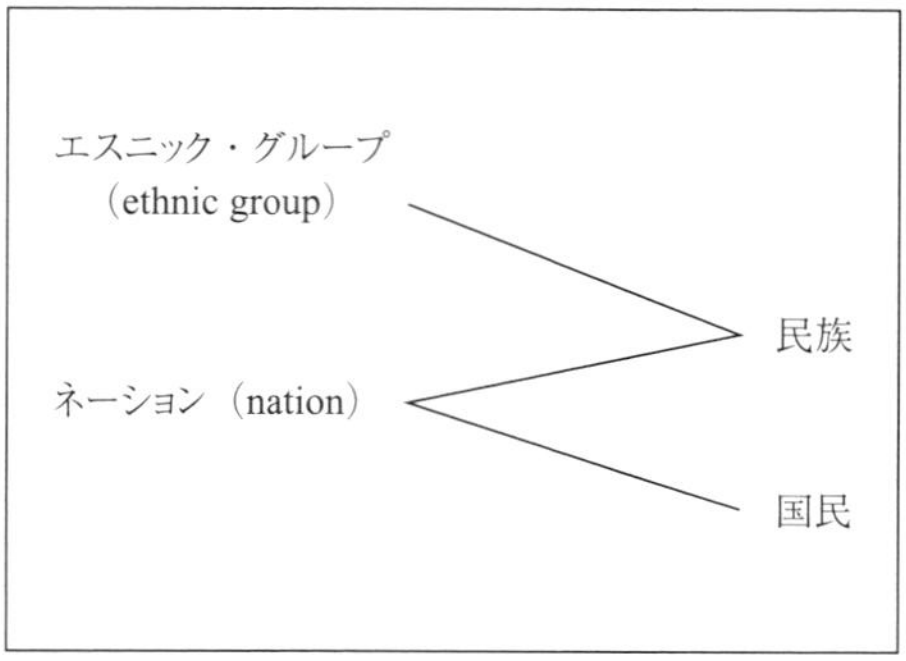

で、注意が必要である。なお、近年の中国語圏、特に台湾では「エスニック・グループ」の訳語として「族群」という言葉が使われるようになっている。*

五　フィールドワーク

人類学的フィールドワークの特徴は、一つまたはいくつかの場所に長期間滞在して、現地の人々（ネイティヴ native）の行動や思考をつぶさに観察するとともに、時として彼らの生活に参加することによって、「現地の視点（native's point of view）」を獲得することにある。この過程で重要なのは、単に現地で収集した資料に基づく理路整然とした分析ではなく、フィールドワーカーが全身を駆使して得た他者に対する感覚であり、それに基づく共感的理解（empathetic appreciation）である。**

これらの点について、人類学者の間では大筋の合意があると思われるが、従来のフィールドワーク論で見落とされてきたことや、時代の変化と共に考え直さざるを得ないことも少なくない。

1　なぜフィールドワークか

人類学が登場した一九世紀末から二〇世紀初頭にかけて、多くの研究者の理論的関心は社会進化論と伝播論にあった。前者は人類社会の「進歩」にまつわる問題を、後者は特定の文化要素の地理的分布と伝播の過程を研究主眼としていた。ただ、いずれも壮大な理論であったため実証性に乏しく、非西洋社会に関する数少ない資料も、宣教

*王甫昌『族群』（二〇一四年）を参照。王によれば、「族群」が使われ始めたのは一九八〇年代後半である。この言葉には「民族」が含意する政治的主権の意味合いはなく、他者との対抗関係（たとえば「漢人」対「原住民」、「内省人」対「外省人」）から生じる自己のアイデンティティに力点がある。一方、中国で少数民族を扱う政府部門は「中華人民共和国国家民族事務委員会」と呼ばれ、現在この部門の「民族」の英語訳には「エスニック」が使われている（State Ethnic Affairs Commission of the People's Republic of China）。なお、英語圏の中国研究では「少数民族」にethnic minority groupという訳語が当てられることが多いが、「エスニック」には「民族」がもつ政治性が欠けているので、九頁の註3（***）で指摘したような「革命理論の礎石」とはなりにくい。

**ここで言う「共感」とは英語のempathy（ドイツ語の*Einfühlung*）に相当し、対象に入り込む（feeling into）という意味で「感情移入」に近い。また、「理解」はunderstandingよりappreciationに相当し、単に頭で「分かる」のではなく、体で「味わう」ことを意味する。

師・植民地行政官・貿易商・旅行家などを通じて得られた間接的なものであった。後に、社会進化論者や伝播論者が机上の理論を振りかざすだけの「安楽椅子（armchair）の人類学者」と揶揄された所以である。こうした伝統と一線を画して、自ら現地に赴いて調査研究を行ったのが第一節で紹介したマリノフスキーであった。以降、今日に至るまで、人類学者のフィールドワークは、基本的に彼のトロブリアンド島調査をモデルにしていると言ってよい。

だが、ヨーロッパにおける異文化研究の伝統に目を向けると、フィールドワークの重視には別の側面もあったことが窺える。それは文献学（philology）への対抗である。文献学とは、テクスト（文字で綴られたもの）、特に古典文学や史料を通じて他者を理解しようとする試みである。その歴史は長く、現在でも多くの大学における外国／外国語研究の基礎となっている。

対照的に、初期の人類学者は無文字社会を研究対象としていたせいか、現地の人々の実際の行動（言語行動を含む）に注目した。それは生きた異文化を知るうえで大きな成果を挙げたが、人類学が文明社会の研究にまで対象を広げて久しい今日、一つの足かせともなっている。なぜなら、人々の行動を重視するあまり、フィールドで見かける多種多様な文字資料や現地の学者が書いた文献に対して、どうしても関心が薄くなるからである。

2　調査期間にまつわる問題

今日の学問的制度のもとで、学位論文作成のために長期間の現地調査を行うことは、人類学者となるための「通過儀礼」だと言われている。通過儀礼とは、七五三や成人式のように、人が成長する過程で行われる節目の儀礼のことである。異文化（特に海外）研究の場合、最低でも一年、できれば二年の現地滞在が求められる。この要求は、最初の年は無理でも二年目になれば生活のパターンがつかめるという多くの人の経験からして、理にかなったものである。そして、この長期滞在をもって、人類学者は他分野のフィールドワークとの差異化を図っている。

だが、時間的長さは相対的なものであって、公私を問わず何らかの事情で現地に長らく住んでいる同胞から見れば、僅か一年や二年の滞在でものを書く人類学者は、あまり信頼できる類の人間ではないかもしれない。事実、かつて宣教師や行政官として植民地に派遣された西洋人は、人類学者の体験話には懐疑的だったという。そうした批判をかわすために、マリノフスキーは科学としての人類学を強調して「素人」との違いをアピールしたが、その彼自身が、本来ならある程度の資料収集が終わった時点でいったん本国に引き返して、ノート整理・資料分析・問題の再設定などをした後に、改めてフィールドに赴くべきであったと回顧している［Malinowski 1978 (1935) : 453］。それができなかったのは、彼のトロブリアンド島調査が第一次世界大戦中に行われたため、帰還が難しかったという事情による。*

二〇一八年で、マリノフスキーの調査終了からちょうど一世紀の時が流れた。この間に人類の技術はめざましく発展し、たとえば研究者が現場に足を踏み入れる前に、既に現地の人々（博物館の学芸員や役所の職員を含む）や、場合によっては海外のNGOやユネスコなどの国際機関が撮影した映像が、インターネット上の動画サイトにアップさ

＊マリノフスキーのトロブリアンド諸島滞在は、一九一五年六月から一九一六年五月までと、一九一七年一〇月から一九一八年一〇月までである。つまり、二年連続で調査したのではなく、約一年半の空白期間があった。

れていることも珍しくない。こうした時代に、いつまでも現地滞在の物理的時間の長さにだけこだわるのは理にかなわない。フィールドワークの前に（そしてその後も）使える技術はすべて使って情報収集を行い、そのうえで研究者側の条件と研究テーマにもっとも適した計画を立てることが重要である。*

3　調査地にまつわる問題

　調査地の選択には基本的に二つの方法がある。一つは「理論先行型」で、特定の理論的テーマを検証するために最適な地域を選ぶことである。当然、この方法はうまく行けば理論的に焦点の定まった研究成果をもたらすが、対象地域の言語や事情を最初から勉強しなければならず、実際に行ってみて研究者と地域の「肌合い」が悪いと、研究そのものを放棄する結果になりかねない。逆に、もう一つの方法である「地域先行型」では、研究者は対象地域に対して何らかの憧れや関心を最初からもっているので、調査前に言葉を勉強していることが多く、現地での苦労も知る喜びに取って代わられる。ただ、観察した事象が人類学全体にどのような意義をもつかを明らかにすることが難しく、地域そのものの研究に埋没してしまう可能性がある。いずれの場合も、本格的調査を始める前に複数の場所で予備調査をすることが望ましい。**

　人類学的調査、少なくともその古典的スタイルである海外の異文化調査は、研究者が一つの場所に留まるという意味で方法論的地域主義（methodological localism）の典型である。しかし、グローバリゼーションの進行と共に、人々は頻繁に移動するようになった。そのため、テーマによっては研究者も彼らと共に移ることが求められる。人類学

*ただし、現場にある程度長く身を置かないと、どうしても得られない感覚がある。それは「ある社会に住むとは、どういうことか」にまつわる実感である。この実感こそが上述の「共感的理解」の基盤であり、身体知へとつながる。

**もっとも、予備調査における観察やそれに基づく理論的ひらめきが、後の調査に大きく影響することもあるので、ここで言う「予備」とは、あくまで調査者側の条件（目的・時間・資金・年齢・性格／志向・健康状態・家族状況など）と、調査地側の条件（身体や生命を脅かす危険の有無には特に注意）が合うかどうかを現場で確かめるという意味である。

的フィールドワークの特色を失わず、複数の場所で行う調査法を「マルチサイテッド・エスノグラフィー（multi-sited ethnography）」と呼ぶ。

4　単独調査と共同調査

人類学者の圧倒的多数は単独で調査を行う。その大きな理由は、長期間にわたる調査を複数の研究者が一緒に行うことは、スケジュール的に非常に難しいからだが、一人のほうが異文化への感覚が研ぎ澄まされるという理由もある。ただ、フィールドでの孤独感に苛まれて宿舎に引きこもったり、滞在中に「中だるみ」が起きたりすることは決して稀ではない。こうした「不名誉」な現実は、没後に刊行された『マリノフスキー日記』（原著一九六七年）にも明らかだが、一つの対策として、気の置けない研究者仲間と一緒に調査する方法、つまり共同調査が考えられる。

共同調査には様々なメリットがあるが、ここでは次の三つを掲げておこう。①フィールドワーク中の孤独を防ぎ、とかく毎日の細々としたことに埋もれがちなフィールドにあって、研究者仲間と知的な時空間を保つことができる。と同時に、一緒に「息抜き」をすることもできる。たとえば、朝起きて「さて、今日は何をしようか」などと迷ったときは、思い切って休んだり巡検や「観光」をしたりするとよい。フィールドに「へばりつく」のではなく、そこから一時的に「逃げる」ことも覚えないと、特に経験の浅い研究者は潰されてしまう。②性格や関心の異なる研究者が同行することによって、調査がやりやすくなる。たとえば、どのフィールドにも研究者が苦手とするタイプの人はいるものだが、そういう人にインタビューするときは、別の研究者に担当してもらえばよい。③フィールドから宿舎に戻った後、その日の調査結果について一緒に討議することができる。たとえば、まったく同じ人へのインタビューでも、研究者によって記憶や印象が違うことはよくある。また、まったく同じ場所を同じ時間に歩いていても、見落としや誤解は付きものである。共同調査はこうした欠点を補ってくれる。

なお、かつては調査対象に過ぎなかった旧植民地でも、人類学が実践されるようになった今日、現地の人類学者は共同――協働（collaboration）のほうが適切かもしれない――のパートナーでもある。概説書では、被調査者との「ラポール（rapport 関係）」構築の重要性が盛んに説かれるが、ラポールの相手は一般人ばかりでなく現地の知識人も含まれる。この意味で、全国的な郷土史家のネットワークをつくり、彼らに郷土のことを調査・執筆してもらい、雑誌を通じて中央の学者と情報を共有した柳田國男の手法は参考に値するだろう。その一例として、一九一三年に柳田と高木敏雄が創刊した『郷土研究』の「資料及報告」や「紙上問答」の欄を掲げることができる。*

5　人類学はフィールドワークと同義か

一般に、人類学の最大の特徴は現場でのフィールドワークにあると言われるが、それは決して《人類学＝フィールドワーク》という意味ではない。なぜなら、フィールドワークで可能なのは、基本的に現在の「ある一時点」で「ある場所」における事象の観察であって、それによって知ることのできる範囲は限られているからだ。もしフィールドワークを行わなければ人類学ではないと言うのなら、たとえば何世紀にもわたって徐々に形成された人間の意識――アメリカで活躍する大貫恵美子（Emiko Ohnuki-Tierney）が『コメ

＊実は、この欄は人類学者にも馴染み深いイギリスの*Notes and Queries*（一八四九年創刊）にヒントを得たと言われている。*Notes and Queries*は、イギリスの風習や古物に関する情報共有の場として活用され、今日で言えば電子掲示板の学術版のような存在であった。初代編集者は「フォークロア（folklore）」という言葉をつくったウィリアム・トムズ（William Thoms）である。菅豊によれば、「野の学問」としての日本民俗学の発展の一因は、会員間のコミュニケーションを*Notes and Queries*方式で行ったことにある。それは後の雑誌にも継承され発展したという意味で、「日本の柳田民俗学の基礎的性格を決定づけた手法」であった［菅二〇一六：二八〇］。

の人類学』（一九九五年）で論じた、元来外来種のコメがいかに日本文化のシンボルとなったかという問題など――は、人類学的研究の射程から外れてしまう。それはあまりにも狭隘で硬直化した実証主義というものであろう。そもそも、クロード・レヴィ＝ストロース（Claude Lévi-Strauss）の名著『悲しき熱帯』（原著一九五五年）は、マリノフスキー的なフィールドワークとは無縁だが、** 私たちはそれだけの理由でこの本を人類学界から葬り去ることはない。

6　人類学教育に携わる者へのメッセージ

実は、上記の問題は教育の場においてより深刻で、筆者の経験では、人類学的世界観に深く共鳴しながらも、フィールドワークそのものに関心はない（または苦手意識をもっている）学生は少なくない。彼らは、長期間のフィールドワークが学位取得のための実質的条件だと聞くに及んで、人類学を放棄してしまうことさえある。もちろん、逆にフィールドワークをしたくて人類学の道に入る学生も多いし、教室よりフィールドで輝くタイプの学生もいるのだが、人類学教育に携わる者にとって必要なのは、まず自らの人類学観を広げることであり、次に個々の学生の状況と研究テーマに沿って適切な方法を提案することであろう。

具体的には、規範化したマリノフスキー型のフィールドワーク以外にも、たとえば比較的短期間の調査を現地のアシスタント（実質上の共同研究者）と一緒に繰り返したボアズや、今日の感覚で言えば「旅」を続けた柳田國男のようなやり方もあることを示し、*** そのうえで、学生にとって manageable（対応可能）で comfortable（親和的）な方法を

** 一九三〇年代、レヴィ＝ストロースは、中南米奥地に住む複数の先住民集団を、まるで探検家のようにして訪れた。だが、研究者仲間と一緒に転々と移動したため、各集団と過ごした時間は短かった。また、『悲しき熱帯』の叙述のスタイルは、旅行記ともノンフィクションとも文芸書とも哲学書とも言えるものであった。

*** 桑山敬己「人類学的フィールドワーク再考」（二〇〇八年）を参照。

一緒に考えることである。要は、フィールドワークをやるかやらないかの二者択一ではなく、「これならやってもよい」という状態にもっていくことである。そして、どうしても学位論文を書くだけの成果が上がらなかった場合は、教員が何らかの対策を講じて学生を生かす／活かすようにすべきであろう。*

7　書き手としての人類学者の責任

フィールドワークの倫理というと、とかく調査中の研究者の行為が取り上げられがちだが、実際には、調査が終わってフィールドを離れ、ホームの研究室で資料の分析を終えてから、民族誌を刊行した後に問題が起きる場合が多い。

その典型がサモアの若者の「奔放な性」を描いたマーガレット・ミード（Margaret Mead）の『サモアの思春期』（原著一九二八年）である。「未開の若者に関する心理学的研究が西洋文明に与えるもの」という副題のついた本書が、当時のアメリカ人（および英語圏の読者）の異文化理解に大きく貢献したことは、人類学史上、画期的出来事として記憶されている。しかし、肝心の調査されたサモア人の間では、ミードの評判は散々だったという。その理由は、通訳を介した情報が不正確であったり、若者の冗談をミードが本気で受け取ったりしたからだと言われるが、その他の理由として、ミードは基本的にアメリカ人の読者を想定して書いており、サモア人が読む可能性を考えていなかったことが掲げられる。換言すれば、現地人（ネイティヴ）は人類学的対話の蚊帳の外に置かれていたのである。

しかし、冒頭の人類学の定義からも明らかなように、今日、人類学はかつての欧米

＊フィールドワーカーとして「不適格」の烙印を押された学生の中には、学力が高くて理論的に優れた者が少なくないので、選択したテーマに関する世界の民族誌を徹底的に読ませて、二次資料を駆使した論文を書かせるのも一つの手である。人類学者の一つの問題点は、自らフィールドで収集した一次資料を重視するあまり、他人の一次資料や民族誌を軽視することにある。これは日本に限ったことではない。

列強の独占物ではない。旧植民地における教育レベルの向上と共に、少なからぬ人々が旧宗主国で人類学を学んで、帰国後、いわゆる「ネイティヴの人類学」を現地で実践している。「我々」が書いたものを「彼ら」が読む時代となったのである。このことは、日本語という「壁」に守られて、読まれることを考えずに、** 日本語で世界各地の民族誌を生産し続けてきた日本の人類学者にも、近い将来、当てはまる時が来るだろう。

　こうした時代に参考となるのが、日本民俗学者の実践である。なぜなら、彼らは調査された人々が報告書（民俗誌）を読むという前提で書いているからだ。少なくとも、いつの日か被調査者の目に触れる時が来るだろうという意識がある。また、アメリカの民俗学者の実践も参考になる。彼らの学問的伝統では、語り部やフォークアート（folk art）の実演者を実名で登場させることが多い。そのため、民俗誌は被調査者との「共著」という形で書かれることがある。既に一九九〇年代前半に、こうした問題を一部のアメリカの民俗学者は「解釈集合体（collectivity in interpretation）」や「互恵的エスノグラフィー（reciprocal ethnography）」という枠組みで論じ、「インフォーマント」を「コンサルタント」に置き換えていたという事実は注目に値しよう。***

六　日本研究

1　いつ日本は大きく取り上げられたか

欧米や日本で発達した人類学は基本的に異文化を対象としているので、**** 研究の焦点は自文化にはない。事実、人類学者の間で影響力が強い研究は、地理的にホームから

** 今のところ、唯一の例外は日本の植民地支配を受けた韓国および台湾と、日本と同じ漢字圏の中国の人類学者である。日本人が彼らについて書いたものに目を通している学者は少なくない。

*** Martha Sims and Martine Stephens, *Living Folklore* (2nd ed.) 収録の第七章 "Fieldwork and Ethnography" を参照。

**** 対照的に、中国語圏の人類学者は自文化への関心が強い。

離れていて近代化が遅れている地域、つまり時空間共に自己とは遠い他者の研究であった*。しかし、日本の人類学史を振り返ると、日本が大きく取り上げられた時期がいくつかあることが分かる。

第一期は、「日本人類学の父」と称される坪井正五郎（一八六三〜一九一三）が、大森貝塚を発見したアメリカのエドワード・モース（Edward Morse）に触発されて、日本人の起源論争を展開した明治中期から後期である。モースはアイヌより先に日本列島に居住していた集団が存在する可能性を示唆したが、坪井はそうしたモースの見解に刺激されて、アイヌの伝承に登場するコロボックルこそ日本の先住民だと主張した。それに対して、小金井良精（一八五九〜一九四四）らはアイヌ先住民説を唱えて対立し、いわゆる「アイヌ・コロボックル論争」が起きた。この論争は、坪井のロシアでの客死によって決着を見ないまま終結したが、今日まで続く日本人の起源に関する研究の先駆けとなった。

第二期は、第二次世界大戦直後に、敵国であったアメリカのベネディクトが『菊と刀』（原著一九四六年）を著し、彼女の見解をめぐって日本人学者の間で議論が交わされた時期である。同書は数多くの分野で取り上げられたが、人類学では一九五〇年に『民族學研究』（二〇〇四年に『文化人類学』と改称）が特集した「ルース・ベネディクト『菊と刀』の与えるもの」がもっとも有名である。論者は当時の日本の学界を代表する面々で、川島武宜（法学）、南博（社会心理学）、有賀喜左衛門（社会学）、和辻哲郎（倫理学）、柳田國男（民俗学）の五人であった。

第三期は、日本が戦後の廃墟から復活して、一九六四年に東京オリンピック、一九七〇年に大阪万博が開催された高度経済成長期である。この時期には「二〇世紀の

*第二章との関連で言うと、初期のヨーロッパ民俗学者は、聖書の世界で「正典」とされたラテン語に匹敵する地位を得たフランス主導の啓蒙主義運動に対して、自文化に沈殿した「ヴァナキュラー（vernacular）」なものを探索しようとした。つまり、民俗学者が西洋内部にヴァナキュラーな存在を認め、それを研究対象としたのに対して、人類学者は西洋を丸ごと正典化して、非西洋（特に未開社会）をヴァナキュラーと見たのである。

経済的奇跡」の要因とされた「日本的経営」に海外から注目が集まった。その代表格がアメリカのジェームズ・アベグレン（James Abegglen）が著した『日本の経営』（原著一九五八年）である。そうした中で、人類学的観点から一石を投じたのが中根千枝の『タテ社会の人間関係』（一九六七年）であった。中根によれば、日本的集団の原型は「家」であり、日本の企業や国家はその構造的拡大に過ぎない。当時よく聞かれた「企業一家」という表現は、そうした特質を典型的に表しているものとされた。一九七〇年には英語版の *Japanese Society* が出版され、以降、同書は海外の日本研究の基礎文献となっている。＊＊

その他にも、一九五〇年代に発表された岡正雄の日本文化の源流に関する著作と、それを受け継いだ佐々木高明らの「照葉樹林文化論」が注目に値するが、上記の三区分に共通しているのは、日本が国際的関心を集めた時代に、まず海外（西洋）の学者が日本像を提示して、それに共鳴／反発しながら日本人学者が自らを語り直したということである。

2　海外で描かれた日本

人類学的に見た日本の特徴は、一九世紀後半以降、世界のありとあらゆる国や地域の人々を描いてきたと同時に、西洋を中心に世界の多くの人々によって描かれてきたという事実にある。文化表象にまつわる「見る」「知る」「描く」という一連の行為が、「見られる」「知られる」「描かれる」という逆の行為とこれほど対になっている国も珍しい。

描かれる側としての日本を象徴しているのが、世界最古の民族学博物館とされるオランダのライデン国立民族学博物館の歴史である。同博物館は、江戸時代末期に来日

＊＊一九五七年には梅棹忠夫の「文明の生態史観序説」が『中央公論』に発表されて、一大センセーションを巻き起こしたが、外国語への翻訳がなかなか進まなかったこともあって、海外での注目度は低かった。

した医師で収集家でもあったフィリップ・シーボルト（Philipp F. von Siebold）が、彼のコレクションを寄贈した一八三七年を開館年と定めている。現在、このコレクションの多くは博物館近隣のシーボルトハウス（図７）に移され、一般に公開されている。

　時が下って開国の時代を迎えると、明治政府は当代一流の西洋の学者を日本に招き入れた。上述のモースは、後の東京帝国大学に教授として招聘された動物学者で（任期は一八七七年から一八七九年）、アメリカに帰国後、大著『日本その日その日』（原著一九一七年）を執筆し、日本に関する講演も積極的に行った。その講演を聞いて日本にやってきたのが、『極東の魂』（原著一八八八年）の著者パーシヴァル・ローウェル（Percival Lowell）であり、この知る人ぞ知る名著に誘われて来日したのがラフカディオ・ハーン（Lafcadio Hearn）こと小泉八雲であった。[*] こうした面々とほぼ同時期に来日した西洋人が描いた日本は、渡辺京二『逝きし世の面影』（二〇〇五年）に紹介されている。

　以上の著作が広義の意味での初期民族誌だとすると、人類学者による本格的な日本の民族誌が登場したのは第二次世界大戦直前のことである。熊本の農村・須恵村を研究したジョン・エンブリー（John Embree）の『日本の村落社会』（原著一九三九年）がそれで、彼は機能主義の提唱者Ａ・Ｒ・ラドクリフ＝ブラウン（A. R. Radcliffe-Brown）にシカゴ大学で師事した。[**] エンブリーは日本語がほとんどできなかったので、調査前に彼と会った農村社会学の鈴木栄太郎はまったく期待していなかったが、『日本の村落社会』で披露された正確で深い理解に接して、考えを一八〇度変えざるを得なかった。ちなみに、一九三九年には中国の費孝通（Fei, Hsiao-Tung）の古典的著作『中国農村生活』も出版された。費はロンドンでもう一人の機能主義の提唱者マリノフスキーに師事したので、一九三九

図７　ライデンにある日本博物館シーボルトハウス（二〇〇六年　撮影：桑山敬己）

＊今日、ハーンは『怪談』（原著一九〇四年）の作者として日本では知られているが、西洋では卓越した日本文明論者として評価されていた。『日本瞥見記』（原著一八九四年）、『心』（原著一八九六年）、『日本』（原著一九〇四年）には彼の日本観がよく表れている。

＊＊エンブリーが須恵村を調査したのは一九三五年一一月から約一年間である。その前年に日本民俗学の理論的基礎を築いた柳田國男の『民間伝承論』が刊行され、翌年には『郷土生活の研究法』が刊行された。柳田門下がいわゆる「山村調査」を行ったのは一九三四年から一九三六年までなので、英語圏における本格的な人類学的日本研究と、日本民俗学のそれはほぼ同時期に始まったことになる。

年をもって東アジア人類学における機能主義の誕生とすることができる。

その後、エンブリーの農村研究は多くの英語圏人類学者によって受け継がれたが、戦後日本の近代化と共に研究の焦点は次第に都市に移った。初期の記念碑的業績として、イギリスのロナルド・ドーア（Ronald Dore）の『都市の日本人』（原著一九五八年）を掲げることができる。彼は不世出の日本研究者であった。ドーアに続く業績として評価が高いのは、アメリカのセオドア・ベスター（Theodore Bestor）による *Neighborhood Tokyo*（一九八九年）である。彼は邦訳された『築地』（原著二〇〇四年）の著者である。一九九〇年代も後半になると、それまでとはまったく異なるテーマ、とりわけポップカルチャーがさかんに取り上げられるようになった。先鞭をつけたのはアメリカのジェニファー・ロバートソン（Jennifer Robertson）で、彼女の『踊る帝国主義』（原著一九九八年）は宝塚歌劇団を事例とした民族誌的文化批評である。***

人類学の魅力の一つは他者を迂回した自己像の提示にあるので、日本の人類学者が日本を描くときには、こうした海外の日本研究に目を通しておくとよい。

3　民俗学との接点

第一節で述べたように、初期の日本の人類学／民族学は民俗学と密接な関係をもっていた。ただ、当初から大きく違ったのは日本の位置づけである。柳田はいわゆる「一国民俗学」を提唱して、海外との比較より国内研究を優先させた。対照的に、岡に代表される人類学者にとって、外の世界との比較は不可欠であった。民俗学者にとって日本は唯一無二の存在であったが、人類学者にとって日本は世界にいくつもある国の

***アメリカで評価の高い北中淳子による最新のレビューに、北中「日本研究の現在」（二〇一八年）がある。東アジア諸国の研究については、桑山敬己編『日本はどのように語られたか』（二〇一六年）の第三部「東アジア圏人類学の日本研究」を参照。

一つだったのである。この違いが後の《人類学＝異文化研究》、《民俗学＝自文化研究》という分業を生んだと言ってよい。

だが、こうした違いや分業にも最近では変化が見え始めている。第一に、グローバリゼーションの結果、日本が民族的にも文化的にも多様化すると、かつての国内と国外という境界が曖昧になった。既に多くの人類学者の眼は国内の異文化に向けられているし、民俗学者も無関心ではいられなくなった。第二に、柳田の「一国民俗学」の教えは後続の民俗学者に大きな「重石」としてのしかかっていたが、彼の没後、対象を海外（主に東アジア）にまで広げる研究者が現れるようになった。今日の民俗学者は人類学者の領域に足を入れつつある。第三に、民俗学が多くの大学で教えられるようになると、それに伴って民俗学者の理論志向が強くなり、人類学を含む隣接分野への理論的関心が増した。それは人類学者らとの学問的対話を可能にした。第四に、かつて「新国学」と呼ばれた日本の民俗学であるが、最近は日本以外の学問的伝統にも目を配るようになった。こうした学問的地平線の拡大はグローバルに展開されている人類学と親和的である。二〇一七年に結成された国際民俗学会連合（International Federation of Folklore Societies）とその背景については、第二章を参照されたい。

七　人類学を生きる

文化相対主義との関連で述べたように、人類学の大きな魅力の一つは、異文化を鏡にして自文化をラディカルに見つめ直すところにある。もちろん、異文化そのものの研究も大切だが、ミードを含むボアズ学派がそうであったように、他者への眼差しが再帰的に自己に向けられたとき人類学はもっとも輝きを放ってきたし、それは今日でも根本的に変わらない。むしろ、グローバリゼーションが進んで、かつての遠い他者が自己の隣人となった時代にこそ、人類学の再帰性は高く評価されよう。

第五節ではフィールドワークについて批判的に検討したが、誤解のないように最後に付言すると、他者を理解する喜びと困難が交差するフィールドの経験なしに、人は人類学者として成長しない。ただし、フィールドワークはフィールドを離れたときに終わるのではなく、ホームに帰還してからも別の形で続く。論文作成に必要な資料収集の手段としてのフィールドワークに終わりはあるが、フィールドで学んだ日常的なこと——それは新参者としての振る舞いであったり、組織における人の流れを観察する眼であったり、小耳にはさんだ情報から人間関係を把握する術であったり、難しそうな顔をしている人にも話しかける勇気であったり、疲れていても相手が楽しみにしている行事に参加する社交性であったり、一期一会の縁に感謝することであったり、要はフィールドが私たちに見せてくれたすべて——をホームで生かすという意味でのフィールドワークに終わりはない。

本書を手にしたほとんどの読者は、いずれ人類学の細々としたことは忘れるだろう。専門家になるわけではないのだから、それでもまったく構わない。ただ、筆者としての願いは、人類学を通して学んだことを少しでも日常に活かしてほしいということである。学としての人類学の勉強が終わったら、次は人類学を伴侶として生きてほしい。人類学を生きること——これが第一章を閉じるにあたってのメッセージである。

参考文献

アベグレン、J　一九五八　『日本の経営』占部都美監訳、ダイヤモンド社

綾部恒雄　二〇〇六　「民族・階級・結社」『よくわかる文化人類学』（初版）綾部恒雄・桑山敬己編、ミネルヴァ書房、七六—八九頁

アンダーソン、ベネディクト　二〇〇七　『定本　想像の共同体——ナショナリズムの起源と流行』白石隆・白石さや訳、書籍工房早山

井上紘一　二〇一四　「エトノス」『世界民族百科事典』国立民族学博物館編、丸善出版、一四—一五頁

梅棹忠夫　一九五七　「文明の生態史観序説」『中央公論』一九五七年、二月号

エンブリー　一九五五　『日本の村落社会——須恵村』植村元覚訳、関書院

王　柯　二〇一四　「近代の『民族』概念の輸入と影響」『世界民族百科事典』国立民族学博物館編、丸善出版、七〇—七一頁

王　甫昌　二〇一四　『族群——現代台湾のエスニック・イマジネーション』松葉隼・洪郁如訳、東方書店

大貫恵美子　一九九五　『コメの人類学——日本人の自己認識』岩波書店

岡　正雄　一九七九　『異人その他——日本民族＝文化の源流と日本国家の形成』言叢社

川島武宜・南博・有賀喜左衛門・和辻哲郎・柳田國男　一九五〇　「ルース・ベネディクト『菊と刀』の与えるもの」『民族學研究』一四（四）：二六三—二九七

北中淳子　二〇一八　「日本研究の現在——医療人類学の視点から」『詳論　文化人類学——基本と最新のトピックを深く学ぶ』桑山敬己・綾部真雄編、ミネルヴァ書房、三四八—三六五頁

桑山敬己　二〇〇二　「グローバリゼーション」『文化人類学最新術語一〇〇』綾部恒雄編、弘文堂、五四—五五頁

——　二〇〇五　「文化」『文化人類学入門——古典と現代をつなぐ二〇のモデル』山下晋司編、弘文堂、二〇八—二一九頁

——　二〇〇八　「人類学的フィールドワーク再考——日本民俗学を鏡として」『ネイティヴの人類学と民俗学——知の世界システムと日本』弘文堂、一五八—一八四頁

——　二〇〇九　「文化の概念」『文化人類学事典』日本文化人類学会編、丸善出版、七七〇—七七五頁

——　二〇一八　「文化相対主義の源流と現代」『詳論　文化人類学——基本と最新のトピックを深く学ぶ』桑山敬己・綾部真雄編、ミネルヴァ書房、三—一六頁

桑山敬己編　二〇一六　『日本はどのように語られたか——海外の文化人類学的・民俗学的日本研究』昭和堂

ゲルナー、アーネスト　二〇〇〇　『民族とナショナリズム』加藤節監訳、岩波書店

塩川伸明　二〇〇八　『民族とネイション——ナショナリズムという難問』岩波書店

菅　豊　二〇一六　「『日本』民俗学以前の事——一九世紀イギリスにおける folklore の誕生と日本」『日本はどのように語られたか——海外の文化人類学的・民俗学的日本研究』桑山敬己編、昭和堂、二六七—二四五頁

スミス、アントニー・D　一九九八『ナショナリズムの生命力』高柳先男訳、晶文社
タイラー、E・B　一九六二『原始文化――神話・哲学・宗教・言語・芸能・風習に関する研究』比屋根安定訳、誠信書房
ドーア、R・P『都市の日本人』青井和夫・塚本哲人訳、岩波書店
中根千枝　一九六七『タテ社会の人間関係――単一社会の理論』講談社
西川長夫　二〇〇一『増補　国境の越え方――国民国家論序説』平凡社
沼崎一郎　二〇一五「フランツ・ボアズにおける『文化』概念の再検討（三）」『東北大学文学研究科研究年報』六五：一六四―一三一
ハーン、ラフカディオ　一九七五『日本瞥見記』（上・下）平井呈一訳、恒文社
――　一九七六『日本――一つの試論』平井呈一訳、恒文社
――　一九七七『心――日本の内面生活の暗示と影響』平井呈一訳、岩波書店
――　二〇一一『怪談――不思議なことの物語と研究』平井呈一訳、岩波書店
ベスター、テオドル　二〇〇七『築地』和波雅子・福岡伸一訳、木楽舎
ベネディクト、ルース　二〇〇五『菊と刀――日本文化の型』長谷川松治訳、講談社
マリノフスキ、B　二〇一〇『西太平洋の遠洋航海者――メラネシアのニュー・ギニア諸島における、住民たちの事業と冒険の報告』増田義郎訳、講談社
マリノフスキー、B　一九八七『マリノフスキー日記』谷口佳子訳、平凡社
ミード、マーガレット　一九七六『サモアの思春期』畑中幸子・山本真鳥訳、蒼樹書房
モース、エドワード・S　二〇一三『日本その日その日』石川欣一訳、講談社
モルガン、L・H　一九五八―一九六一『古代社会』（上・下）青山道夫訳、岩波書店
柳田國男　一九八八［一九三四］『民間伝承論』（『柳田國男全集　第八巻』収録）、筑摩書房
――　一九八八［一九三五］『郷土生活の研究法』（『柳田國男全集　第八巻』収録）、筑摩書房
吉野耕作　一九九七『文化ナショナリズムの社会学――現代日本のアイデンティティの行方』名古屋大学出版会
リーチ、E・R　一九八七『高地ビルマの政治体系』関本照夫訳、弘文堂
――　一九九一『社会人類学案内』長島信弘訳、岩波書店
レヴィ＝ストロース　一九七七『悲しき熱帯』（上・下）川田順造訳、中央公論社
ロバートソン、ジェニファー　二〇〇〇『踊る帝国主義――宝塚をめぐるセクシュアルポリティックスと大衆文化』堀千恵子訳、現代書館
ローエル　一九七七『極東の魂』川西瑛子訳、公論社
渡辺京二　二〇〇五『逝きし世の面影』平凡社

Bestor, Theodore 1989 *Neighborhood Tokyo*. Stanford: Stanford University Press.

Connor, Walker 1994 *Ethnonationalism: The Quest for Understanding*. Princeton: Princeton University Press.

Fei, Hsiao-Tung 1939 *Peasant Life in China: A Field Study of Country Life in the Yangtze Valley*. London: Routledge & Kegan Paul.

Herskovits, Melville J. 1972 *Cultural Relativism: Perspectives in Cultural Pluralism*. New York: Random House.

Leach, Edmund 1982 *Social Anthropology*. New York: Oxford University Press.

Malinowski, Bronislaw 1984 [1922] *Argonauts of the Western Pacific: An Account of Native Enterprise and Adventure in the Archipelagoes of Melanesian New Guinea*. Prospect Heights, Illinois: Waveland Press.

——— 1978 [1935] *Coral Gardens and Their Magic: A Study of the Methods of Tilling the Soil and of Agricultural Rites in the Trobriand Islands* (in two volumes). New York: Dover Publications.

Sims, Martha, and Martine Stephens, *Living Folklore: An Introduction to the Study of People and Their Traditions* (2nd ed.). Logan, Utah: Utah State University Press.

Tylor, Edward Burnett 2010 [1871] *Primitive Culture: Researches into the Development of Mythology, Philosophy, Religion, Art, and Custom* (Volume 1). Cambridge: Cambridge University Press.

コラム　カルチュラル・スタディーズ

鈴木慎一郎

このコラムが話題にするのは、カルチュラル・スタディーズ（cultural studies, 以下CSと略）と名乗るある学的潮流のことである。それは一九五〇年代の英国に直接の起源を持ち、特に一九九〇年代以降には他の国や地域にも広まった。簡単に述べれば、CSは文化を日常生活のさまざまな力関係の中で生じるせめぎ合いのプロセスとして研究してきた。この中の「日常生活」「力関係」「せめぎ合いのプロセス」という三つのポイントを順に取り上げていこう。

日常生活

まず日常生活について。知識や情報や技術に関して、それぞれの領域には評価や権威が一定程度確立された立場から発信をする存在がいる。教師、学者、知識人、専門家、評論家、強大なメディア企業や文化産業、さらにはインフルエンサーなど。CSはしかし、そうした立場にはいない人々が（しばしば本人たちもさほど強くは意識することなく）行う日常的な実践に、強い関心を寄せる。そうすることで、権威ある立場が「ありふれている」「取るに足らない」とか「誤り」「無知の証」「逸脱的」などと片づけてしまいがちな実践に、じつは固有の深い意味があることが分かったりするからである。

この脈絡でフィールドワーク特に参与観察という方法が有効なのは、文化人類学および民俗学と共通している。ただしCSの中には、参与観察を行うことなしに、（右の言い方に沿えば）権威ある立場から発信された言葉、たとえば報道記事や知識人の著作を主要な分析対象として書かれた論考も、これまでに沢山ある。とはいえその種のCSの論考もやはり、日常生活という領域の何らかの特質をいかに理論化しうるかという関心から書かれているといってよい。要は、日常生活の中の微細な実践への関心がCSの間で共通にあり、フィールド調査する場合もあれば文献調査する場合もある、ということである。

粗雑さを承知で「エリート」対「民衆」という構図を立てるとすれば、その後者への関心がCSにはある。背景には、CSが英国で文学研究の先端的な動きとして形をなしていったという事実がある。一九世紀英国の知識人の間では、文化とは人間の高尚な精神生活の産物、つまり高級芸術であり、教養のある一部のエリートのみが享受するもの、という観念が支配的だった。優れた文学作品はそうした産物の一つとされ、それを通して人間の偉大な精神を理解するのが文学研究であるとされた。しかし一九五〇年代には、英文学の教育を受けた者の間から新しい動向が顕著になってきた。たとえばある論者は、イングランドの労働者階級が産業革命以来脈々と継承してきた生活の総体なるものを、一つの体系を有した固有の文化と捉え、その豊かさと複雑さを描いた［ホガート　一九七四］。別の論者は、文化を人間が時代や場所によってとりうる生活の諸様式として捉え、それらに与えられる意味や価値について考察すべきだと主張した［ウィリアムズ　一九八三］。

本書第一章にあるように、文化を高級芸術に限定せず人間の生活の営み全般として広く把握することは、文化人類学では既に一九世紀末に提唱されていた。しかし英文学研究において二〇世紀半ばでもまだそうした主張が論争を誘うものだったのは、「高尚な精神生活の産物として文学を理解する学問である」という軛《くびき》が、それだけ強かったからかもしれない。

ところで、非エリートの人々による日常的実践への関心ならば文化人類学や民俗学にも共通しており、そうした実践を描く際には、そこに含まれうる異種混交性（hybridity）や非均質性（heterogeneity）に最大限の注意が払われてきた。たとえば、ある実践は由来を異にするさまざまな要素の寄せ集め（ブリコラージュ）から成り立っているかもしれない。または、一つの文化のようにみえる実践を行う諸個人の間にも、階級や人種・民族、ジェンダーやセクシュアリティー、さらにはその他さまざまな差異があるかもしれない。

個別文化をその内部の異種混交性や非均質性を看過して一枚岩的に描くことがなぜ問題をはらむかについては、今日の文化人類学と民俗学とCSのいずれにも意識されているが、CSに関してはここにもその英国での展開が背景にあったことが指摘できる。一九七〇年代には、英国の旧植民地などにルーツを持ち英国で高等教育を受けた非白人の研究者たちがCSの新たな担い手として台頭した［プロクター 二〇〇六を参照］。かれらは、それ以前のCSがイングランド労働者階級の文化を白人中心的なものとして描いてきたことに異を唱え、この文化における非白人からの関与について積極的に取り上げるようになったのである。

力関係

今述べたことは、力関係という二番目のポイントにつながる。

社会には、これまで一朝一夕には変えられなかった力関係の序列構造がいろいろとある。近代以降の地球を広く覆ってきたものでいえば、資本主義、植民地主義、人種差別主義、家父長制、異性愛中心主義、健常者中心主義、自然に対する人間中心主義などがそうだし、リージョナル、ナショナル、またはローカルな領域にもそれぞれの序列構造があるだろう。これらは物質的経済的な不均衡という場合もあるし、表象行為や状況定義をめぐる力の不均衡という場合もある。

では、これらの構造の中に置かれた人間が行う個々の具体的な発話やふるまいは、既存の構造に沿ってなされそれゆえ力関係を反復再生産するだけなのか、それとも、構造に挑戦しその力関係を変化させるほうに作用することもあるのか。CSは後者の可能性への期待を捨てられずにきた。いかに抑圧的な構造であれ、人間の不変の本性のようなものに基づいているのではなくて個別具体的な実践のつみ重ねの中で作られてきたのであれば、それとは別の、抑圧的でない未来を想像してみるのは可能というわけである。日常的実践へのCSの関心は、常にこの期待とともにある。

せめぎ合いのプロセス

三番目のポイントが関わってくるのはここである。序列構造の課す制約の中で、人はおのれの自律性の及ぶ余地を、さまざまなやり方で確保したり広げたりしようとする——そうした営みとしてCSは日常的実践を描いてきた。たとえそれが構造に部分的一時的な揺さぶりをかける程度のものかもしれなくても、である。また具体的な実践によっては、支配的文化とは別の文化が意識的自覚的に掲げられることもあれば（一九九〇年代に日本手話の話者によってなされた「ろう文化宣言」［現代思想編集部編　二〇〇〇］はその一例である）、必ずしもそうでないこともある。

今の点を説明するために、一九七〇年代のDJ文化の始まりを取り上げてみよう。そこには、楽器を買い揃えてスタジオを借りてバンドの練習を重ねるよりは、中古レコードを集めて聴き込んでそれらをかっこいい流れで巧みにつなげてかけるほうが、手っ取り早く楽しめる、という動機があったと思われる。これは、新譜を定期的にリリースする類いの巨大レコード会社による音楽産業の覇権体制に真っ向から反旗を掲げる、というよりは、諸々の制約がある中でも何とか自分たちの楽しみを最大化したい、という営みに近かったかもしれない（ただしその後のDJ文化が産業化と無縁というわけでは全然ない)。

限界芸術論

さて、一九五〇年代に哲学者の鶴見俊輔が提唱し始めた限界芸術論〔鶴見 一九九九〕は、CSを日本語環境で構想していく際に今なお触発を与えてくれる論考である。作り手も受け手も専門家であるような芸術を「純粋芸術」とすれば、作り手も受け手も非専門家であるような芸術は「限界芸術」である。鶴見が限界芸術にあてた英語は marginal art だった。日常生活という広い領域の、そのへり(margin)にある芸術、言いかえれば、日常生活と専門化した芸術とのはざまに位置する芸術が、限界芸術というわけである。

柳田國男の民俗学について限界芸術論は大きく取り上げている。またCSに言及してはいないものの、限界芸術論は同時代の英国のこの動向と確実に同期していたと言える。そして、鶴見が専門的芸術家と企業家が合作し大衆に享受される芸術として「大衆芸術」という項を立てていたことは、文化の産業化に関する研究蓄積が豊かなCSにとって示唆的である。限界芸術論を、個々人の発信が劇的に容易となった現代の状況に当てはめようとする時、次のような論点が浮かび上がってくる。

今日の限界芸術としてたとえば、投稿動画のようなUGC(User Generated Contents)を特に連想してしまいがちだが、そこには考える余地がある。UGCの発信と受容における企業家の関与を、どう捉えたらよいだろう。非専門家による文化表現の発信の増大は、突き詰めれば、いわゆるGAFAを頂点とするようなITプラットフォーム企業(ウェブを用いたサービスの基盤となる環境を提供する企業)が絶えざる推奨とお膳立てをして可能となっている。そのような中で、専門家ではない個々のユーザーが行使しうる自律性とはどのような質のものだろうか。

いわゆる趣味の世界における多種多様な表現もまた、今日の限界芸術として連想されがちだが、ここにも考える余地がある。たとえば同人誌やインディーズ音楽のことを想像してみよう。確かにそれらの送り手の多くはプロではない（表現活動からの収入はあるかも知れないが、それをフルタイムの職業にはしていない、という意味で）。またそれらの送り手の多くは、制度化された専門家養成機関を経てはいない（漫画やポピュラー音楽の作り方が学べる専門学校や大学は存在するが）。ただしそれらの送り手も受け手も、同人誌やインディーズ音楽（やその細分化したジャンル）という、個々に専門特化した界隈の中でやり取りをしている。するとそれらの送り手も受け手も、特殊な界隈における専門家とでも呼べるような性格を持つ。限界芸術に関して鶴見が重視したことの一つは、誰にでもあるような日常生活との連続性だった。しかし専門特化・細分化した趣味は、その意味ではむしろ日常生活から断絶しているのでは、という疑問が浮かんでくる。

ただこの「誰にでもあるような」日常生活とは、今だったらいったい何を思い浮かべたらよいのだろうか。鶴見が柳田を論じる中で、限界芸術は日本文化の「共通地下道」のようなものだと述べた時、一番に念頭にあった日常生活とは日本というナショナルな範囲の民衆にとってのそれだったと思われる。ならばここから先を今後どう展開させるのかが肝心になる。

たとえば、国民に広く楽しまれる歌（つまり共通に親しまれるコンテンツ）が失われ、国民が共通に馴染んでいるのはそれこそＧＡＦＡの類いの巨大企業が提供するプラットフォームぐらいになってしまった、と嘆くのか。それとも、日常生活という概念をより精緻化することで、世界各地の民衆の日常生活の共通性に思いを巡らそうとしていくのか。

私ならＣＳにより「忠実」なのは後者だと思う。ノスタルジアやメランコリアの感情が、国民的過去を共有した「われわれ」という意識を立ち上げる時、そこから他者として排除されてしまう何かがある——ＣＳの中の良質な部分は、このことを常に批判的に論じてきたからである。

参照文献

ウィリアムズ、レイモンド　一九八三『長い革命』若松繁信・妹尾剛光・長谷川光昭訳、ミネルヴァ書房
現代思想編集部編　二〇〇〇『ろう文化』青土社
鶴見俊輔　一九九九『限界芸術論』筑摩書房
プロクター、ジェームス　二〇〇六『スチュアート・ホール』（シリーズ　現代思想ガイドブック）小笠原博毅訳、岩波書店
ホガート、リチャード　一九七四『読み書き能力の効用』香内三郎訳、晶文社

カルチュラル・スタディーズの基本文献——いくつかの例

岩崎稔・陳光興・吉見俊哉編著　二〇一一『カルチュラル・スタディーズで読み解くアジア』せりか書房
上野俊哉・毛利嘉孝　二〇〇〇『カルチュラル・スタディーズ入門』筑摩書房
田中東子・山本敦久・安藤丈将編著　二〇一七『出来事から学ぶカルチュラル・スタディーズ』ナカニシヤ出版
鶴本花織・西山哲郎・松宮朝編著　二〇〇八『トヨティズムを生きる——名古屋発カルチュラル・スタディーズ』せりか書房

第二章　現代民俗学

島村 恭則

第二章では、民俗学（現代民俗学）について概説する。民俗学に関する著作は、数多く存在するが、「民俗学とは何か」や「民俗とは何か」といったことがらを、明確に説明した書籍は多くない。ここでは、海外の民俗学の学史や理論もおさえた上で筆者が体系化した「民俗学」の概要を示す。

一　民俗学とは何か

1　文化人類学と民俗学

一般に、文化人類学は「異文化」を研究する学問で、民俗学は「自文化」を研究する学問だと言われることが多い。たしかに、民俗学や文化人類学の現状が、そのような解説で説明できるように見える場合もなくはない。しかし、そもそもどこからどこまでが「自文化」で、どこからどこまでが「異文化」なのかという問題があるのをはじめ、この説明は、両学問の違いを説明するのに十分なものにはなっていない。ここでは、より根源的な説明を行なってみよう。

しばしば指摘されるように、文化人類学は、一九世紀のイギリス、フランス、そしてアメリカにおいて形成された学問で、その背景には、これら欧米列強における植民地主義があった。これはつまり、人類学には、その初発の段階において、「近代西洋がその勢力を全世界へと拡大する過程で遭遇した『奇妙な』異人を説明するための学問として発展した」という歴史があるという意味である[*]〔桑山 二〇〇八：五七〕。もっとも、現在の文化人類学が、植民地主義的であるというわけではないし、イギリス、フランス、アメリカ以外の国や地域でも文化人類学は研究されている。これはあくまでも、学史における初発の段階についての話である[**]。その上で、いま、ここで一九世紀の話を持ち出したのは、文化人類学と民俗学は、発生・形成のプロセスに差異があるということを説明するためである。

初期文化人類学が植民地主義との関わりの中で発生、形成されたのに対し、民俗学のほうは、一八世紀のフランスを中心とする啓蒙主義や、一八世紀末から一九世紀初めにかけてヨーロッパ支配をめざしたナポレオンの覇権主義に対抗するかたちで、ドイツのヘルダー、グリム兄弟において土台がつくられ、その後、世界各地に拡散し、それぞれの地域において独自に発展をみたという歴史を持っている。

このように、両者は出自とその背景を異にしているのである。そしてそのことが、直接的、もしくは間接的に、また程度の大小はあっても、それぞれの学問のあり方に何らかの影響を与えてきた面があることは否定できない。少なくとも民俗学の場合には、これを指摘できる。このことを出発点として、以下、民俗学とはどのような学問かに

＊このことを「人類学の植民地主義的ルーツ」と呼ぶ〔桑山 二〇〇八：五七〕。

＊＊文化人類学の学史や現状については、本書第一章を参照。

ついて、もう少し詳しく見ていこう。

2　ヘルダーとグリム兄弟

一八世紀のヨーロッパでは、イギリス・フランスを発信源とする「啓蒙主義」が、時代をリードする思想となっていた。「啓蒙主義（the Enlightenment）」とは、理性を重んじ、非合理的なものを排除する思想のことである。この思想は、発生地のイギリス・フランスのみならず、ヨーロッパ各地にも伝わり、たとえばドイツでもその影響は強く見られた。

啓蒙主義の考え方では、合理性と普遍性（世界のどこでどのように暮らす人びとにとっても、合理的な思考とその結果は遍く通用するはずで、また当然それが尊重されるべきだとする考え）が理念とされる。そのため、啓蒙主義を信奉する人びとは、自分たちがもともと生きている社会に固有の暮らしぶり、考え方、あるいは日常的に用いている土着の言葉について、それらこそが啓蒙（無知蒙昧な状況に理性の光をあてて人びとを賢くすること）の対象であるとして、否定していった。

この風潮に真っ向から異議を唱えたのが、思想家のヨハン・ゴッドフリート・ヘルダー（Johann Gottfried von Herder）である。[*] ヘルダーは、フランスでつくられた借り物の思想に身を任せるのではなく、自分たち自身の生活に根差した生き方をこそ探求すべきだと考え、ドイツに根生いの暮らし、言葉、思考を掘り起こし、大切にすることを主張した。ヘルダーによるこの考え方を、ここでは「対啓蒙主義」と呼んでおく。

ヘルダーは、この考え方に基づいて、具体的には、民謡の採集というプロジェクトを思いつく。なぜ民謡かというと、人びとが日常の暮らしの中で歌う民謡には、「人び

図1　民俗学の祖、ヘルダー（一七四四～一八〇三）

＊以下、本章におけるヘルダー、およびグリム兄弟についての説明は、Wilson［2006: 107-123］に依拠している。ただし、「対啓蒙主義」の語は、島村による造語である。

との魂（Volksgeist）」が宿っていると考えたからだ。彼は、自ら『民謡集』を編集するとともに、民謡の採集を広く人びとに呼びかけた。** ヘルダーの主張は、ドイツ国内のみならず、スロヴァキア、チェコ、ポーランド、ウクライナなどのスラヴ諸国、フィンランド、ノルウェーなど、ヨーロッパの周辺部に位置する国々にも影響を与え、それぞれの国において民謡の採集と民謡集の刊行がなされるようになった。

ヘルダーが扱った具体的素材は、民謡、すなわち「歌」であったが、ヘルダーの影響を受けつつ、次に登場したのは、グリム兄弟による「物語」（昔話・伝説・神話）の収集・研究であった。グリム兄弟、すなわちヤーコプ・グリム（Jacob Ludwig Karl Grimm）とヴィルヘルム・グリム（Wilhelm Karl Grimm）の兄弟は、比較言語学の研究やドイツ語辞典の編集で大きな成果をあげたが、あわせて昔話や伝説の採集に力を入れ、兄弟の著作として『グリム兄弟によって集められた子どもと家庭のメルヒェン集』（一八一二年初版、以後、兄弟生前には一八五七年の第七版まで刊行）や『ドイツ伝説集』（第一巻は一八一六年刊行）などを、また兄のヤーコプ・グリムの著作として『ドイツ神話学』（一八三五年）などを刊行し、民衆の間に伝承される物語についての研究を行なった。

グリム兄弟の物語研究も、やはり、ヨーロッパ周辺部を中心に、各地に影響を与え、それぞれの地で民話の採集、民話集の刊行が続いた。日本でもその民話集が翻訳・刊行されている、ノルウェーのアスビョルンセンやモー（アスビョルンセン／モー 一九九九）、ロシアのアファナーシエフ（一九八七）などの民話の採集・研究者には、いずれもグリム兄弟からの影響が指摘されている。

**ヘルダーが編纂した民謡群の日本語訳は、ヘルダー［二〇一八］、ヘルダーの民謡論の日本語訳は、ヘルデル（＝ヘルダー）［一九四五］として刊行されている。

図2 グリム兄弟（ヤーコプ・グリム一七八五～一八六三右、ヴィルヘルム・グリム一七八六～一八五九左）

3　民俗学の成長と拡散

グリム兄弟の影響は、イギリスにおいても見られた。ウィリアム・トムズ（William John Thoms）は、一八四六年に「フォークロア」という文章を発表し、ヤーコプ・グリムの『ドイツ神話学』を引き合いに出しながら、イギリスにおいても古い時代のマナー、習慣、儀礼、俗信、民謡、諺など、それまで「民間古事（popular antiquities）」の名のもとで扱われてきたものごとを、自分が造語したFolk-Loreという新たな語のもとで研究すべきことを説いている［トムズ　一九九四：三七―四一］。

ここで注目すべきは、ヘルダーの「歌」、グリム兄弟の「物語」に加え、「マナー、習慣、儀礼、俗信、民謡、諺」が、Folk-Loreの具体例としてあげられていることである。そして、このような採集・研究対象の拡張は、ドイツにおいても起こっていた。グリム兄弟の弟子のヴィルヘルム・マンハルト（Wilhelm Mannhardt, 1831-1880）は、農耕に関わる儀礼や信仰を研究し、その後は、家屋や農具など、「モノ」（物質文化）の研究を行なう研究者も現れるようになった。

あわせて理論的な考察の深化も見られるようになった。とりわけドイツのヴィルヘルム・ハインリヒ・リール（Wilhelm Heinrich Riehl, 1823-1897）は、「学問としての民俗学」という論文を公表し、ヘルダー以来の一連の知的営為が、独立した学問領域として成立することが示された。*

学問の成長は、その学問を研究する者の組織化、すなわち学会の結成に結び付く。イギリスでは一八七八年に、ドイツでは一八九〇年に、民俗学会が設立された。そしてアメリカ合衆国でも一八八八年に民俗学会が設立されている。イギリスとドイツ

図3　英語Folk-Loreを造語したトムズ（一八〇三～一八八五）

*ドイツにおける民俗学の歴史については、ヴェーバー＝ケラーマン／ビマー／ベッカー［二〇一一］に詳しい。

に学びながら、アメリカにおいても民俗学の研究が始まっていたのである。

それだけではない。一九世紀後半から二〇世紀初頭にかけて、ヨーロッパでは、フィンランド、エストニア、ラトヴィア、リトアニア、ノルウェー、スウェーデン、アイルランド、スコットランド、ウェールズ、ブルターニュ、スイス、ハンガリー、スラヴ諸国、ギリシアなどで、またそれ以外では、インド、日本、中国、韓国、フィリピン、ブラジル、アルゼンチン、ナイジェリアなどで民俗学の研究が行なわれるようになり、それぞれの地において独自の展開を遂げていった。これらの国、地域では、今日でも民俗学が盛んである。[**]

ところで、ここで注目したいのは、民俗学が盛んな国、地域は、どちらかというと、大国よりは小国、または大きな国であっても、西欧との関係性の中で自らの文化的アイデンティティを確立する必要性を強く認識した国、あるいは大国の中でも非主流的な位置にある地域だという点である。

この点に関しては、民俗学を「外部権力による精神的抑圧を克服する重要な手段」と位置づける、韓国の民俗学者 姜正遠（ソウル大学校人類学科教授・韓国民俗学会会長）の議論が参考になる。姜による世界民俗学史についての記述を要約すると、次のようになる。

> ヘルダーにまで遡及される民俗学的問題認識は、その後グリム兄弟を経て実証的な方法論を獲得することで近代科学として成長し、全世界の被抑圧民衆の希望の学となった。民俗学は外部権力による精神的抑圧を克服する重要な手段となり、また人類史を正しい方向へ進展させる力となった。このことは、特にフィンラン

＊＊世界各地の民俗学の形成史と現状については、Dundes［1999］、Bendix and Hasan-Rokem［2012］に詳しい。

ドやアイルランドなどヨーロッパの小国における民俗学やアルゼンチンなど中南米の民俗学の状況にはっきり見て取れる。またそれだけでなく、ドイツやアメリカ合衆国の民俗学にも、第三世界諸国の民俗学に通じる性格を見出すことが可能である。なぜなら、もともと両国は後発資本主義国家であり、過去から現在までの過程においてアイデンティティをめぐる苦悩を経験してきているからである［姜 二〇一三：一四一―一七六、原文韓国語。日本語による要約は島村恭則による］。

本章でさきにあげた国や地域、姜の言い方を用いれば「小国」「第三世界諸国」「後発資本主義国家」などにおいて民俗学が盛んであるということは、これらの国や地域の人びとが、民俗学の研究と普及を通して、自分たちの暮らしのあり方を内省し、その上で自分たちの生き方を構築することで、自分たちを取り巻く大きな存在、覇権（強大な支配的権力）、「普遍」や「主流」、「中心」とされるもの、に飲み込まれてしまうのを回避しようとしてきた結果だといえる。

民俗学が持つこうした性格は、ヘルダーの場合に典型的に見られた「対啓蒙主義」に加え、「対覇権主義」という言葉で表すことができる。民俗学という学問は、覇権主義を相対化し、批判する姿勢を強く持った学問である。強い立場にあるもの、自らを「主流」「中心」の立場にあると信じ、自分たちの論理を普遍的なものとして押しつけてくるものに対し、それとは異なる位相から、それらを相対化したり超克したりしうる知見を生み出そうとするところに民俗学の最大の特徴がある。

4　民俗学の定義

民俗学とは何か。以上の議論と今日の世界各地の民俗学の研究動向とを踏まえて、民俗学を定義すれば、次のようになる。

民俗学とは、〈啓蒙主義的合理性や覇権・普遍・主流・中心とされる社会的位相〉とは異なる次元で展開する人間の生を、〈啓蒙主義的合理性や覇権・普遍・主流・中心とされる社会的位相〉と〈それらとは異なる次元〉との間の関係性も含めて内在的に理解することにより、〈啓蒙主義的合理性や覇権・普遍・主流・中心とされる社会的位相〉の側の基準によって形成された知識体系を相対化し、超克する知見を生み出そうとする学問である［島村　二〇一八：一五、一部改変］。

二　民俗とは何か

1「怪しげな領域」？

次に、民俗学の鍵概念である「民俗」とはいかなるものか、について説明しよう。

最近、日本で刊行されたある社会学の入門書には、「『怪しげ』な領域の発見」という表題で、「民俗」「民俗学」について解説した項目が掲載されている。そこでは、「民俗学」が研究対象とする「民俗」とは、「祭りや古くからある土着的な芸能、世代から世代へと語り継がれてきた伝承、親族のあり方や決まりごとなど、民間の古い生活様式に関わる事柄」であるとともに、「現代の私たちの慣習や生活様式における暗黙の、必ずしも明文化されない、必ずしも意識されない事柄」のことだとした上で、これらの事柄は、近代社会において「『怪しげ』な領域」として「発見」されたものであり、それを社会認識の中に位置づけるために用意されたのが、「民俗」というラベルであったという説明がなされている［現代位相研究所編　二〇一〇：一三〇―一三二］。

「民俗」を、近代に発見された「『怪しげ』な領域」と位置付ける見解は、完全な間違いだとはいえないが、説明として十分なものだというわけでもない。それならば、「民俗」とはどのようなものとして説明されるべきか。結論はのちに示すとし、もう一つ、「民俗」についての説明を取り上げてみよう。

宗教学者の関一敏は、「民俗」とはいかなるものかについて、「民俗とは絶妙な命名だったと思うんです。メタレベルの説明をともなわないまま存在している慣習と、それをふくみこんだ生活世界を、じつに適確にあらわしていた。その底のほうには異様なリアリティがあって、摩訶不思議な異質性の領域へと開かれている」と述べた上で、次のように説明する。すなわち、人びとの日々の暮らしの中で「圧倒的なリアリティをもちつつも、言語によるメタレベルでの解説を与えられていない、異質性を内に含んだ名付けられない何かとして、立ち現れている」もの、そして、その「立ち現れているもの」に含まれている「矛盾」や、「本人すら思いもかけない想念の無数の輻輳」が「民俗」だというのである。*

民俗学の事典や教科書などでは、「民俗」とは、「伝承と慣習の複合体」［平山二〇〇〇：六三八―六三九］とか「一定の地域で生活を営む人々が、その生活や生業形態の中から育み、伝承してきた生活文化やそれを支える思考様式」［谷口　一九九六：四］と

*関一敏・小松和彦・佐藤健二による鼎談「序論 野の学問のためのレッスン」における関一敏による発言［関・小松・佐藤編著　二〇〇二：八―九］。

いった定義が示されているが、右にあげた二つの説明は、それらの定義では述べられていない含意に触れている点で注目に値する。すなわち、前者においては、「『怪しげ』な領域」が、後者においては、「摩訶不思議」「異質性」「想念の無数の輻輳」といったものが、「民俗」をそれ以外のものから弁別する指標とされているのである。

では、なぜ、「『怪しげ』な領域」や「摩訶不思議」「異質性」「想念の無数の輻輳」が、「民俗」の説明に持ち出されてくるのか。答えは、前節での議論の中にある。

民俗学とは、「〈啓蒙主義的合理性や覇権・普遍・主流・中心とされる社会的位相〉とは異なる次元で展開する人間の生」に着目する学問である。その民俗学が、学史を通じて具体的な研究対象としてきているものは、「〈啓蒙主義的合理性や覇権・普遍・主流・中心とされる社会的位相〉とは異なる次元で展開する人間の生」の中で生み出され、生きられる経験や知識や表現であるが、この場合、こうした経験、知識、表現には、その根底に「啓蒙主義的合理性では必ずしも割り切ることのできない意識、感情、感覚」や「覇権主義や普遍主義、主流的・中心的思考とは相入れない意識、感情、感覚」が存在していると考えられる。そして、これらの意識、感情、感覚に相当するものが、近代的思考のもとでは「怪しげ」とされた領域や、生活世界の底のほうにある「異様なリアリティ」「摩訶不思議な異質性」、「想念の無数の輻輳」であるということができるのではないか。

2　民俗の定義

このように議論を整理した上で、「民俗」を定義すれば、次のようになる。

「民俗」とは、「何らかの社会的コンテクストを共有する人びとの一人としての個人の生世界において、生み出され、生きられる経験・知識・表現で、とくに、啓蒙主義的合理性では必ずしも割り切ることのできない、あるいは覇権主義や普遍主義、主流的・中心的思考とは相入れない、意識・感情・感覚をそこに見出すことができるもの、もしくは見出すことができると予期されるもの」のことである。

ここで、この定義の前段、「何らかの社会的コンテクストを共有する人びとの一人としての個人の生世界において、生み出され、生きられる経験・知識・表現」とは、いかなるものかについて説明すると、以下のようになる。*

まず、「経験・知識・表現」についてだが、ここでいう「経験」とは、実際に見たり、聞いたり、行なったりすることとその蓄積をさす。たとえば、「ライフヒストリー」**や「個人的経験の語り」***として語られる物語の内容は、まさにこの経験という概念で把握できよう。「知識」は、世界に対する知恵や見識、理解や認識の内容のことである。「表現」は、第一義的には人間の内面にあるものを外側に向けて伝達するプロセスとその伝達内容のことをさす（この場合、意図的なものだけではなく、結果的な伝達もここに含む）が、加えて、人間が何らかの事物に意味を読み取る場合、その事物は、その意味内容を「表現」している（あるいは意味が「表現」されている）として、「表現」の範疇でこれを把握することとしたい。

このように、「民俗」の内容として、「経験」「知識」「表現」の三つの概念が設定されているが、この三者は、実際には複合していることが多い。たとえば、ライフヒストリー

*以下の議論については、島村恭則［二〇一四］も参照のこと。

**個人の人生の歴史をその個人自身が語った物語のこと。民俗学、文化人類学、社会学などさまざまな学問分野で用いられる用語で、英語の life history をカタカナで表記したもの。日本語では、「生活史」と訳されている。

***個人が自身の経験を語った物語のこと。民俗学、とくにアメリカ民俗学では、これを personal experience narrative と呼んでいる。「個人的経験の語り」を扱ったアメリカ民俗学の研究書として、ワックス［一九九四］を紹介しておく。

や個人的経験の語りは、人びとの「経験」についての語りだが、その「経験」にはさまざまな「知識」が包含されている。そして、その語りは、それを語る人間が行なう「表現」に他ならない。あるいは、「民俗」は、表現されるものであり、知識であり、経験である、ということも可能であろう。

次に、「生み出され、生きられる」の説明に移ろう。ここでいう「生み出される」とは、人間によって「民俗」が創造されることをいい、「生きられる」とは、「民俗」が、人間によって実際に行なわれることをさす。

なお、この場合、ある人によって生み出された「民俗」は、同時にその人によって、実際に行なわれている、すなわち生きられているともいえるため、「生み出される」と「生きられる」とは、きわめて近接した関係にあるといってよい。

また、人物Aによって生み出され、生きられた「民俗a」が、人物Bに伝えられ、人物Bによって生きられる場合、その「民俗」は、人物Bなりに生きられているのであり、そのことは人物Bによるある種の創造といえるから、人物Aによって生み出され、生きられた「民俗a」は、人物Bによって「民俗a'」もしくは「民俗b」として生み出され、生きられているのだということになる。

ところで、ここで確認しておきたいのは、こうした「民俗」を生み出し、生きるその当事者は、一人の人間、すなわち個人であるという点だ。「民俗」が集団的に生み出され、生きられているように見えても、実際にそれを行なっているのは、集団を構成する一人一人の個人である。そして、より厳密にいうと、「民俗」が生み出され、生きられるのは、個人の「生世界」においてである。

図4　アメリカ民俗学における「個人的経験の語り」研究の書、『あり金出せ！ ニューヨーク犯罪被害者物語』（一九九四年）

「生世界」とは、現象学でいうLebenswelt, life-worldのことで、「それだけがただ一つ現実的な世界であり、現実の知覚によって与えられ、そのつど経験され、また経験されうる世界であるところ」のもの、「われわれの全生活が実際にそこで営まれているところの、現実に直観され、現実に経験され、また経験されうる」世界、「われわれの具体的な世俗生活においてたえず現実的なものとして与えられている世界」［フッサール一九九五：八九―九三］、「自然的態度に留まっている人びとにとっては自明である前科学的な現実」、「人がそのなかで自らの身体をとおして作用することによってそれに介入し、それを変化させることのできる現実領域」、「常識的態度のうちにいる十分に目覚めた通常の成人が、端的な所与として見出す現実領域」、そこにおいてのみ「共通のコミュニケーション的周囲世界が構成され得る」「人びとにとって特別な至高の現実」［シュッツ／ルックマン　二〇一五：四三］とされるもののことである。*

ところで、「『民俗』は、個人の生世界において生み出され、生きられる」といっても、その個人とは、社会の中の存在、すなわち社会的存在であって、個人が、人びとの集まり、すなわち集団とまったく無関係に存在するということはありえない。

純粋に孤立した個人が「民俗」を生み出し、生きるのではなく、その個人は、人びとの中の一人として、人びとと関わりながら、「民俗」を生み出し、生きている。そこには、個人の創造性とともに、濃淡の差はあっても、集団からの影響関係も見出すことが可能である。

それでは、この場合の集団とはどのような人びとのことか。それは、「何らかの社会的コンテクストを共有する人びと」である。ここでいうコンテクストとは、文脈、脈絡

* Lebenswelt, life-worldは、日本では一般に「生活世界」の語で訳されていることが多いが、ここでは、身体的「生」（生命）の次元を視野に入れた根源的な「生」世界論を展開する西原和久［二〇〇三：一九〇―一九四］の議論にしたがって、「生世界」の語を用いている。

のことで、たとえば、地域、家族、親族、友人、学校、職業、宗教、宗派、エスニシティ、ジェンダー、階層、国家、時代、世代、社会問題、共通の関心など、さまざまなものが想定される。「民俗」を生み出し、生きる個人は、こうしたコンテクストを共有する集団（人びと）の一人として存在する。もとより、ある個人は、一つの集団だけに属するわけではない。人は、さまざまな集団の中の一人として生活しているのであり、そこにおいてさまざまな「民俗」を生み出し、生きているのである。**

3　民俗の具体例

「民俗」がこのように定義されたところで、次に、具体的にどのようなものが「民俗」なのか、について考えてみよう。民俗学の対象が、ヘルダーの「歌」、グリム兄弟の「物語」、そしてそれ以後、習慣、儀礼、俗信、信仰、物質文化へと広がってきたことはすでに述べた。あるいは、本節の最初に引用した社会学の入門書の記述には、「民俗」の例として、「祭りや古くからある土着的な芸能、世代から世代へと語り継がれてきた伝承、親族のあり方や決まりごとなど、民間の古い生活様式に関わる事柄」が紹介されていた。

たしかに、こうしたものは、これまでの民俗学において多く研究されてきた。妖怪や都市伝説の研究をこれに加えてもよいだろう。もっとも、本書で示した「民俗」の定義からすれば、「民俗」はこうした事象に限定されるものでは決してない。

「何らかの社会的コンテクストを共有する人びとの一人としての個人の生世界において、生み出され、生きられる経験・知識・表現で、とくに、啓蒙主義的合理性では必ずしも割り切ることのできない、あるいは覇権主義や普遍主義、主流的・中心的思考

**民俗学における「集団」の概念を理論的に考察したものに、ノイズ［二〇一二］がある。

とは相入れない、意識・感情・感覚をそこに見出すことができるもの、もしくは見出すことができると予期されるもの」であれば、あらゆるものが、「民俗」といいうるのである。

したがって、たとえば、地域によって異なる自動車の運転の仕方、言語化が難しい職人の技と感覚、オフィスでの習慣やうわさ話、スマートフォンの人それぞれの使い方、SNSでやり取りされるさまざまな語り、家族や友人の間でしか通用しない言葉や習慣、宗教における公式的な神学に対する独自の解釈や実践、ストリートのグラフィティ(壁画)、健康食品をめぐるさまざまなうわさ、主婦の買い物戦術、国会議員の野次パフォーマンスなど、いずれも「民俗」に他ならない。「民俗」、すなわち民俗学の研究対象は、無限にあるといってよいだろう。

4 ヴァナキュラー

ところで、日本語の「民俗」を英語に訳す場合、どのような言葉を用いるべきだろうか。英語圏では、民俗学の研究対象は、長らくfolklore(フォークロア)の語で呼ばれてきた。第一項で紹介した、ウィリアム・トムズが造った語である。もっとも、近年では、アメリカの民俗学を中心に、folkloreの語ではなく、新たにvernacular(ヴァナキュラー)の語を用いる傾向が強まっている。

これは、folkloreの語が、学術的な意味づけとは別に、社会の一部において、「田舎の古くさくて奇妙な習慣」というニュアンスで用いられたり、あるいはナショナリズムなど政治的な意味合いが強い文脈で好んで用いられたりすること(たとえば、「folkloreには、誇るべき国民文化の神髄が宿っている」というような言い方がなされ、学術的文脈を離れたところで過度に称揚されたりすること。この傾向は、二〇世紀後半の南米諸国においてとくに顕著であった）があり、そうした誤った使用法に対して距離を取り、民俗学が研究対象とするところのものを適切に表現すべく、民俗学者たちが新たに vernacular の語を用いるようになってきているからである。

vernacular は、語源的に、「土着的（native, indigenous）」とか「家の中（domestic）」を意味する古典ラテン語の vernaculus、さらには「家で生まれた奴隷（a home born slave）」を意味する古ラテン語の verna にまで遡ることができる英語であり、〈権威あるラテン語に対する世俗の言葉（俗語）〉を意味する語として長く用いられてきた。この語が、現在、これまで folklore の語で呼ばれてきた英語圏民俗学の研究対象をさす言葉として、指し示す内容を拡張させて用いられるようになっているのである。*

こうした動きをふまえ、ここでは、日本語の「民俗」の英語訳を the vernacular とする。また同様に、「民俗学」の英語訳を vernacular studies としておく。

三　日本の民俗学

世の中には、民俗学を、柳田國男が創始した日本独自の学問だと思っている人がいるが、それが誤解であることは、第一節の内容を読むことで理解できたであろう。民俗学は日本で生まれたわけではない。ただ、日本において、独自に発達した面があることも事実である。ここでは、日本における民俗学のあり方を概観しよう。

*ヴァナキュラーについての理論的考察は、プリミアノ［二〇〇七］、および小長谷英代［二〇一七］に詳しい。

1　柳田國男の民俗学

日本で民俗学がはじまったのは、二〇世紀の初頭である。イギリスでフォークロアの研究が行なわれていることが紹介され、「民俗学」の名のもとに、日本のフォークロアの調査や考察が始められたのだが、とくに強力にその体系化と組織化を推し進めたのが柳田國男である。

一八七五年に兵庫県で生まれた柳田國男は、東京帝国大学法科大学政治学科を卒業後、高級官僚として農商務省、法制局、貴族院に勤め、農政学の研究と農業政策、法律家としての実務などに携わっていた。その過程で、彼は、講演や視察のために全国各地を旅行し、「郷土」についての思索を深めていった。そうした中、一九一〇年、柳田は、前年に刊行した宮崎県の山村、椎葉村の狩猟に関する著作（『後狩詞記《のちのかりことばのき》』）に続き、『遠野物語』を刊行する。岩手県遠野盆地において伝承されてきたさまざまな「民俗」を取り上げた「人間生活誌」〔藤井　二〇〇八：一六七―二〇〇〕というべき本書は、日本の民俗学草創期の記念碑的な作品として知られている。

一九一三年、柳田國男とドイツ神話学者の高木敏雄は、民俗学の成長と普及にとって重要な役割を果たす雑誌『郷土研究』*を創刊した。柳田は同誌を舞台に次々と民俗学史上重要な研究を発表し、また国内各地の読者からは、それぞれの地域の「民俗」についての報告が寄稿された。のちに柳田國男と並んで日本を代表する民俗学者となる折口信夫**もこの雑誌の読者であり寄稿者であった。

ところで、柳田の民俗学を考える上で重要なことは、鶴見和子〔一九九七〕が指摘し

図5　日本の民俗学を体系化、組織化した柳田國男（一八七五～一九六二）

*『郷土研究』は、一九一七年に休刊となったが、その後、『土俗と伝説』（一九一八―一九一九）、『民族』（一九二五―一九二九）、『民俗学』（一九二九―一九三三）というように民俗学関連雑誌が刊行され、これらの雑誌を通して、日本の民俗学は、多くの資料とそれにもとづく研究成果の蓄積をはかりつつ成長していった。

**折口信夫　民俗学者、国文学者。「まれびと」「常世」「神の嫁」「水の女」など、独自の概念を生み出して民俗学研究を推進した。慶應義塾大学教授を歴任。著作は、『折口信夫全集』（全三一巻、中央公論新社）にまとめられているほか、代表的著作は、角川ソフィア文庫などで文庫化されている。

ているように、柳田は、民俗学を、「民俗」そのものの探求をめざす研究ではなく、人びとの生世界のあり方を社会変動との関わりの中でとらえる研究として構想していた点である。ここでは、そのような民俗学研究を、「〈社会変動―生世界〉研究」と名付けておこう。

2 〈社会変動―生世界〉研究

柳田の〈社会変動―生世界〉研究では、欧米の近代化を普遍的な尺度とする欧米産「近代化論」の単純なあてはめは行なわれず、また社会学における近代化論とも異なり、人びとの生世界、とりわけそこで生み出され、生きられてきた「民俗」が、社会の構造的変動――それは柳田の文脈では、明治以来の日本社会における急速な近代化のことだった――の中でどのように変化しつつあるのか、あるいは、社会の構造的変動の中で、それらのうち、捨て去るべきものは何で、残すべきものは何か、また新たに取り入れるべきものはどのようなものかを問うものであり、さらに、残すべきものと新たに取り入れるべきものとをどのように組み合わせて未来に向かってゆくべきか、を考えるものであった。そして、このような一連の考察は、一部の専門家が行なえばよいというようなものではなく、市井の一般生活者一人一人によって内省的に行なわれるべきものだともされていた。[***]

たとえば、柳田は、近代の政治制度である選挙で議員を選ぶ際、有権者が自分の判断ではなく、自分が子分として従属している親分が言うままに投票を行なってしまうのは、「親方子方制度」や「英雄崇拝」という「民俗」の弊害であるから、そのような「民俗」

図6　柳田国男と並ぶ日本の代表的民俗学者、折口信夫（一八八七～一九五三）

＊＊＊この点については、第四節で詳しく触れる。

は捨て去るべきだと述べている［柳田　一九六三ａ：三九三―四〇八、室井　二〇一〇：九一―一二九、田澤　二〇一八：一四一―一七〇］。あるいは、近代になって制定された標準語（共通語）には、人が自分の意見を十分に表現するに足るだけの適切な語彙が不足しているため、すでに存在する方言の中から表現力の豊かな語彙を選択し、これを加えてゆくことで日本語のボキャブラリーを充実させるべきだといったことも述べている［柳田　一九六三ｂ、田澤　二〇一八：一四一―一七〇］。

また、柳田は、人びとの幸福は、団結と相互協力によってこそもたらされるとして、近代的社会制度としての組合（産業組合や消費組合など）の導入を主張していたが、その際には、ヨーロッパで生まれた組合制度の形式をそのまま日本に輸入するのでは意味がなく、既存の「民俗」に見られる団結や自助の精神をそこに盛り込むべきだと考えていた［柳田　一九六三ａ：三七七―三九二、藤井　二〇〇八］。

このような「民俗」の取捨選択についての判断も伴なう現実的で実践的な知的活動が、彼の考える民俗学＝〈社会変動―生世界〉研究であり、そのような民俗学を展開する上での主たる資料が、その当時の人びとの生世界において生み出され、生きられていた「民俗」であった。つまり、彼が組織的に採集した「民俗」は、〈社会変動―生世界〉研究を展開する上での資料群として位置づけられるものだったということになる。*

3　民俗学の多様な姿

以上は、柳田國男の考える民俗学の基本的枠組みだが、これだけが日本の民俗学だというわけではない。一九二〇年代から現在まで、柳田の枠組み以外にも、次にあげ

＊柳田國男の著作は、『柳田國男全集』（全三六巻、別巻二、筑摩書房）や『定本柳田國男集』（全三一巻、別巻五、筑摩書房）にまとめられている。また、主要著作は、岩波文庫、講談社学術文庫、角川ソフィア文庫などで文庫化されている。

るように、多様なタイプの民俗学が日本の民俗学史を形成してきた。

(1) 民間伝承研究　柳田は、「民俗」を、〈社会構造―生世界〉研究を行なう際の材料としてとらえていたが、それとは別に、「民俗」それ自体の歴史的変遷や起源、意味、機能を探究しようとするタイプの民俗学も存在する。祭り、年中行事、人生儀礼、民間信仰、さまざまな言い伝えなどそれ自体の変遷や起源を明らかにしたり、意味や機能を解釈したりするようなタイプの研究といえばイメージしやすいだろうか。こうしたタイプの研究では、とくに、世代を超えて伝承されてきた「民俗」としての「民間伝承」に焦点が当てられるため、ここでは、このタイプの研究を「民間伝承」研究と呼んでおく。

多様なタイプの民俗学のうちで、もっとも多くの研究成果が蓄積されているのがこの「民間伝承」研究であり、そこでは、「民間伝承」が持つ意味そのものが実証的に解明され、これまで明らかにされてこなかった多くの知見をもたらした。世界的に見ても、このタイプの研究が、民俗学のありかたとしてもっとも一般的であるといえる。

(2) 歴史学との合流　これには、西田直二郎**の「文化史」研究の流れに連なる京都帝国大学文科大学史学科出身者を中心とする、民間伝承を歴史学の資料として位置づけ、歴史学研究の中に組み込もうとした学派と、東京教育大学系の研究者を中心に、歴史学本流とは一定の距離をとりつつも、民間伝承研究を一種の歴史学の方法論として位置づけようとした学派とがある。どちらの流れも、聞き書きや観察に加え、文献史料の活用を重視するところに特徴がある。

**西田直二郎　一八八六～一九六四　歴史学者。独自の「文化史学」を提唱。京都帝国大学教授を歴任。『日本文化史序説』（講談社学術文庫）などの著書がある。

☆以下、本文の小項目ごとに主な参考文献をあげておく。

(1) 民間伝承研究：民俗学における「民間伝承」研究の蓄積は膨大なものとなっており、限られた紙幅でその内容を紹介することは難しい。そこで、ここでは、そこにアプローチする際に用いるべき事典・参考書として、福田アジオほか編［一九九九・二〇〇〇］、宮田登［一九九六］、谷口貢・板橋春夫編著［二〇一四・二〇一七］、福田アジオ編［二〇一五］を紹介しておく

(2) 歴史学との合流：歴史学と民俗学との関りについて概観したものに、網野善彦・宮田登・福田アジオ編［一九九二］がある。

（3）伝承文学研究　折口信夫とその弟子筋をはじめとする国文学研究の文脈で、口承文芸などの民間伝承を文学の発生論（文学がどのように発生したのかについての理論）や系譜論（文学の歴史的変遷についての理論）、説話文学研究などと関わらせて扱う学派である。文献学としての国文学研究の訓練を受けた研究者によって担われる。

（4）宗教学との合流　宗教学の文脈の中で「民俗」を扱う流れ。仏教、神道、修験道と「民俗」との関りも含め、「民俗」を宗教の観点から分析する。宗教学者や宗教人類学者による「民俗」研究というべきもので、「宗教民俗学」の名称で呼ばれることが多い。

（5）民具研究　渋沢敬三*を指導者とするアチック・ミューゼアムの系譜を引く研究者たちを中心に、物質文化としての民具の研究を行なう学派である。博物館を研究の場として活躍する研究者が多い。日本民具学会という学術団体が組織されている。

（6）民俗建築研究　建築学者の今和次郎**を嚆矢とし、民家の研究に大きな功績を上げてきた。民家の構造、機能、変遷、地理的変異、住まい方などを研究する。専門の学会として、日本民俗建築学会が組織されている。

（7）民俗芸能・民俗芸術研究　折口信夫の芸能史研究にはじまり、戦前は「民俗芸術の会」（一九二七年設立）、戦後は「民俗芸能学会」（一九八二年設立）などを活動母体とし

（3）伝承文学研究：伝承文学研究の全体像を概観した論文集として、『講座日本の伝承文学』（福田晃・渡邊昭五 編集代表、全十巻、三弥井書店）がある。

（4）宗教学との合流：宗教民俗学の入門書として、宮家準［一九九四］がある。

（5）民具研究：民具研究の入門書として、岩井宏實［二〇一一］がある。

（6）民俗建築研究：民家研究の入門書として、日本民俗建築学会編［二〇〇一］がある。

（7）民俗芸能・民俗芸術研究：近年の民俗芸能研究の動向と課題を概観したものに、橋本裕之［二〇〇六］、俵木悟［二〇一八］がある。

*渋沢敬三　一八九六～一九六三　明治の実業家渋沢栄一の孫で、日本銀行総裁、大蔵大臣を歴任。本業の傍ら、自邸内に私設の研究所であるアチック・ミューゼアム（屋根裏博物館）を設け、同人らとともに民具研究を中心とする民俗学の研究を行なった。

**今和次郎　一八八八～一九七三　建築学者、考現学者、民俗学者。柳田國男のもとで民家研究をはじめ、のちに考現学を提唱。早稲田大学教授を歴任。著作は、『今和次郎集』（全九巻、ドメス出版）に収められているほか、文庫本で入手できるものとして、『日本の民家』（岩波文庫）、『考現学入門』（ちくま文庫）などがある。

て、表現文化研究、パフォーマンス研究を展開する学派。

(8) 音楽研究との合流　民謡や、儀礼・芸能などの中に現れる音楽を扱う。音楽学の研究者を担い手とし、採譜を伴なうフィールドワークによる研究が行なわれている。専門の学会として、日本民俗音楽学会が組織されている。

(9) 国際口承文芸研究　欧米をはじめとする海外の口承文芸研究に直結する流れ。ドイツ、フランス、スペイン、ロシア、アメリカ、イギリス、アフリカ、中国、朝鮮など、世界各地の口承文芸を比較の観点も交えて研究する。各国文学の研究者が文学研究の延長線上で口承文芸を扱っている場合が多い。この領域では、研究者間の国際的ネットワークが発達しており、国際学会として、国際口承文芸学会（International Society for Folk Narrative Research）がある。また、国内学会としては、日本口承文芸学会が学会活動を行なっている。

(10) 地理学との合流　人文地理学の文脈での「民俗」研究。地図を活用しつつ、空間や景観、地理的分布や伝播といった観点から「民俗」を扱う。その担い手は、人文地理学を専門とする地理学者である。

(11) 人と自然の民俗学　人間と自然環境の関係のあり方に着目するもので、「環境民俗学」や「民俗自然誌」の名称で呼ばれることが多い。環境社会学や生態人類学との

(8) 音楽研究との合流：入門書として、小泉文夫［一九九四］、小島美子［一九九八］をあげておく。
(9) 国際口承文芸研究：世界の口承文芸を概観した基本文献として、トンプソン［二〇一三］がある。
(10) 地理学との合流：地理学と民俗学の関りについては、今里悟之［二〇一四］に詳しい。
(11) 人と自然の民俗学：この領域の入門書として、山泰幸・川田牧人・古川彰編著［二〇〇八］がある。

学際的なつながりも強い。

4　〈社会変動―生世界〉研究としての再出発

日本の民俗学においては、長らく、柳田國男による〈社会変動―生世界〉研究としての民俗学とともに、右にあげた諸タイプの民俗学研究が併存してきたといえるが、このうち、柳田流の〈社会変動―生世界〉研究については、柳田の死後、一九九〇年代に入るまで、実はそれほど深められずにいた。その理由は、日本列島に膨大に存在する「民俗」、なかでも、「世代を超えて古くから伝承されてきた」と考えられる「民間伝承」の記述と、それ自体の意味の解明がまずは優先されたこと、あるいは、歴史学や国文学や宗教学や音楽学といった独自の学問領域の中での「民俗」研究においては、柳田流の〈社会変動―生世界〉研究の問題意識が必ずしも共有されていたわけではなかったこと、などをあげられる。

　そうした状況に転機が訪れたのは、一九九〇年前後である。それまで農山漁村に存在していた「民間伝承」が近代化によって大きく変貌したり消滅したりする状況を目前に、新たな民俗学のあり方を探る研究者が現れるようになり、彼らによって柳田流の〈社会変動―生世界〉研究への回生の動きが発生してきたのである。

　この時期の民俗学の変化を明確に示す理論的論考として、重信幸彦［一九八九］と岩本通弥［一九九八］の論文をあげることができる。重信は、民俗学とは、本来、「自分自身を足元から相対化しつつ語ってゆく知の戦術」、「自らの『日常』を相対化して自分を語る言葉を紡ぎだしていく」方法論であって、そこでは、たとえば、「日常生活が人の身の丈の大きさを越えてしまうことによる生活の質の変化」とそれを用意した「近代」という仕掛けを、「聞く者」と「語る者」とが、ともに「現在」を生きる者として問いを擦り合わせ、共有する「聞き書き」の場から捕捉する営みが可能になると論じている。

また、岩本は、柳田の民俗学思想の再検討を行なった上で、「社会現前の実生活に横たわる疑問」を解決し、それによって「人間生活の未来を幸福に導く」のが柳田が考えた民俗学であり、それが扱う「過去の知識」としての「民俗」は、あくまでもそのための材料であったにも関わらず、その後の民俗学が、こうした問題意識を忘却し、「民俗」そのものの研究を目的とする学問に転じていったこと――岩本はこれを「民俗学の文化財学化」と呼ぶ――を批判し、「民俗」を研究する学問から、「民俗」を用いて現在に継起する諸問題を研究する学問への転換（回帰）の必要性を論じている。

重信、岩本ともに、社会変動論という語を用いているわけではないが、議論の内容は、明らかに柳田流の〈社会変動―生世界〉研究に通じるものといってよく、ここにおいて民俗学の〈社会変動―生世界〉研究としての再出発がはかられたということができる。そして再出発後は、市場経済、消費、科学技術、農業政策、戦争、暴力、災害、権力、生活革命、生命、医療、記憶、環境、文化遺産、観光、多文化主義、移民、ナショナリズムなど、さまざまな主題領域で研究が生み出されることとなった。これらの中からいくつか例をあげると次のようになる。*

5　研究の実例

重信幸彦［一九九三］は、タクシードライバーの仕事の世界に密着し、彼らが、中央

＊日本の民俗学の研究動向については、日本民俗学会の学術誌『日本民俗学』が、三年に一度、「研究動向特集号」を組んでおり、参考になる。最近の研究動向特集号は、第二九三号（二〇一八年）、第二七七号（二〇一四年）、第二六二号（二〇一〇年）である。

集権的な運転手管理システムの網の目の中で、いかに自らの主体性を構築、維持しているかを、ドライバーたちとの対話的な聞き書きの作業を通して明らかにした。

岩本通弥［一九八九］は、大正時代末期から増加して社会問題となった「親子心中」を取り上げ、これが発生する仕組みを社会構造の変動の分析を通じて明らかにした。

産業化、情報化、消費社会化の中での宗教民俗のあり方に着目した門田岳久［二〇一三］は、現代の四国八十八ケ所巡礼に見られるような巡礼ツーリズムを取り上げ、観光商品として用意された巡礼を消費者としての巡礼参加者たちはいかに自らの経験として解釈し直しているのかについて分析している。

アニメやゲームの舞台となった場所（「聖地」）をファンたちが巡回する「聖地巡礼」について取り上げたデール・アンドリューズ［二〇一五］は、とくにそこに見られる絵馬の奉納という行為を分析し、それらの絵馬は、現代のフォーク・アート（folk art 民俗芸術）の一種で、ファンたちによる「芸術的な作法によるコミュニケーション」のメディアとなっていると考察している。

科学技術時代の産業化した農業を研究対象とする野口憲一［二〇一六］は、現代のレンコン栽培農家やイチゴ栽培農家をフィールドに、現代農業の現場を農業者の生世界の内在的理解によって描き出した。そこでは、現代において〈産業としての農業〉を営む農業者は、近代の市場経済の中での成功をめざして科学的な知識と技術を積極的に導入しつつ、「科学を前提としながらも科学では計りきれない農業の奥深さを見出し、その中に自らの感覚に基づく独自性の余地を見出している」といった指摘がなされている。

現代の医療を研究対象とする波平恵美子［二〇〇二］は、「医師、看護師・士など医療の専門家や医療機関について、またそこで行われる医療行為についての意味づけや評価、自分と医療者との関係についての意味づけ」、「医療機関において、医学教育、看護教育など正規の教育課程の中では含まれておらず、医療保険の点数にも含まれてもいず、また、病院内の規則や学会が定めた規則にも含まれていないにもかかわらず、定着している慣習や制度」、「買薬や置き薬の使用時の自らの判断」、「健康保持や病気予防に効果があると信じられている食品や生活慣習」、「現代的医療では薬ではないが、摂取する人が『薬』ととらえているもの」などを「民俗」としてとらえ、民俗学的医療研究の新たなテーマとすることを提言している。

現代の「生殖革命」（体外受精をはじめとする人の生殖に関係する技術的革新とその実用化がもたらす社会・文化的変革）に着目した上杉富之〔二〇〇二〕は、不妊治療の際に出る不用の受精卵や胚（余剰杯）の処理をめぐって新たな「民俗」が生まれる可能性や、出産形態の多様化、「子宮の母」「卵子の母」「頼みの母」など複数の親の出現による「多元的親子関係」の発生などが民俗学の研究課題となりうることを論じている。

戦争と民俗を主題領域とする喜多村理子〔一九九九〕は、自身のフィールドワークをふまえ、集合的に記憶される「戦没者」「英霊」の虚構性を暴く当事者の感情や、靖国神社には収まりきらない霊魂の慰霊といった問題について鋭い指摘を行なっている。

島村恭則〔二〇一三〕は、日本の第二次世界大戦敗戦で大量に発生した引揚者（中国東北部、朝鮮半島、台湾、南洋諸島などから帰還した日本人のこと）が、戦後復興期に食文化（餃子やラーメンなど）をはじめとするさまざまな「民俗」を生み出し、それが一般日本人の「民俗」として受容され、日常の中に定着していった過程について解明した。

漁民の生世界を長年にわたって内側から調査してきた川島秀一［二〇一七］は、東日本大震災後の津波被災地で行政主導による巨大な防潮堤建設が行なわれていることをとらえ、そうした「上からの復興」は、漁師の自然観、生命観、災害観を無視した「机上のお絵かき」のようなものであり、それでは地域の真の復興はなしとげられないと強く批判した。

二一世紀に入り、「民俗」の一部がユネスコの「無形文化遺産」に登録される動きがあるが、マイケル・フォスター［二〇一三］は、無形文化遺産に登録された甑島のトシドンという来訪神行事を取り上げ、トシドンを実践する当事者たちは無形文化遺産登録という事実をどのように受け止め、そこに自らの主体性をいかに組み込んでいるかを解明した。

6　現代民俗学

以上の研究をはじめ、二一世紀に入る前後以降に登場した研究の多くは、社会の構造的変動の中で、人びとの生世界がそれにどのように対応しているかを、生世界において生み出され、生きられる具体的な経験・知識・表現の動態を分析することで明らかにしようとしている。社会変動を、それを受けとめる人びとの生世界の内面に即して理解するこれらの研究の多くは、さらに、人は社会変動の中でいかにより良い生を構想することができるかを考えるところまで議論を展開しうる可能性を持つものともなっており、ここに柳田國男に発する〈社会変動―生世界〉研究の特徴を指摘することが可能である。ここでは、一九九〇年代以降に見られるようになったこうした民俗学のあり方を、柳田の「現代科学といふこと」に倣い、「現代民俗学」と名付けることとする。

柳田國男は、われわれは「これからはどういう風に進んで行けばよかろうか」を考える際に、「実際生活」の内省から出発し、「今日までの経過、否今もなお続けている生活様式を知りかつ批判しまた反省」する科学としての民俗学を、「現代科学」としての民俗学と呼んだ。そして、それは「広く世の中のために、ことに同胞国民の幸福のために、または彼らを賢くかつ正しくするために」、「現世の要求に応ずる」学問であるとも述べた［柳田　一九六四c］。柳田のこうした志向を継承、発展させようとする民俗学を「現代民俗学」と呼ぶのである。*

なお、現在においても、先に掲げた諸タイプの民俗学研究は、「現代民俗学」と並行して、あるいは相互乗り入れをしながら、それぞれ研究が進められている。筆者は、世界民俗学史を俯瞰した場合、柳田に発する〈社会変動─生世界〉研究としての「現代民俗学」が、日本が生み出した独創的な民俗学のあり方であり、今後の民俗学の最大の可能性は、この方向を推進させてゆくところにあると考えるが、もとより、これ以外のタイプの存在を否定するものではない。「〈啓蒙主義的合理性や覇権・普遍・主流・中心とされる社会的位相〉とは異なる次元で展開する人間の生を、〈啓蒙主義的合理性や覇権・普遍・主流・中心とされる社会的位相〉と〈それらとは異なる次元〉との間の関係性も含めて内在的に理解することにより、〈啓蒙主義的合理性や覇権・普遍・主流・中心とされる社会的位相〉の側の基準によって形成された知識体系を相対化し、超克する知見を生み出そうとする」ものである限り、その知的営為は、すべて民俗学の名のもとに統合可能である。

*なお、ここで「現代民俗学」と「歴史」との関係について、以下のように付言しておく。「〈社会変動─生世界〉研究としての現代民俗学」というときの社会変動とは、近代化のことをさすのみならず、歴史における社会構造の変動は、すべて社会変動であることから、「現代民俗学」は、歴史的な視野を排除するものでは全くない。「現代民俗学」のいう「現代」とは、研究対象が「現代」のものであるということを示すのではなく、「現代科学」としての理論化がめざされているという意味での「現代」である。

四　「野の学問」としての民俗学

1　野の学問

第三節で、柳田國男の〈社会変動―生世界〉研究について紹介した際、柳田が、それを市井の一般生活者一人一人によって行なわれるべき研究だと考えていたと指摘した。市井の一般生活者による研究とはどのような意味だろうか。

柳田は、生活者が、自分をとりまく社会の変動と自らの生世界のかかわりについて、主体的に「内省」を行ない、そのことで自らと自らの属する社会をより「賢く」〔柳田　一九六四b：二六九〕してゆくべきだと考えていた。この考えを前提として、柳田は、民俗学をアカデミー（大学等の専門研究機関）の世界とは異なる民間、市井の人びとの学問として組織しようとした。このような形態の学問を「野《の》の学問」、あるいは「民間学」と呼ぶ。*

「野の学問」としての組織化は、一九三〇年代以降、急速に進められた。とりわけ一九三五年には、「日本民俗学講習会」が実施され、全国に散らばる地方の民俗学愛好家や在野研究者を東京に集め、民俗学の体系についての講義が行なわれた。そしてこれを契機に、同年のうちに民俗学研究者の全国組織である「民間伝承の会」（現在の日本民俗学会に系譜上つながる）が結成され、雑誌『民間伝承』が発刊された。また、日本における初期の民俗学概説書といえる『郷土生活の研究法』〔柳田　一九三五〕も刊行された。こうした組織化によって、民俗学は、多くの在野研究者からなる「野の学問」として

図7　日本民俗学会年会の様子（二〇一六年一〇月、関西学院大学）

＊「野の学問」、および次節で取り上げる「公共民俗学」については、岩本通弥・菅豊・中村淳編著〔二〇一二〕、菅豊〔二〇一三〕に詳しい。

成長していった。**

「野の学問」としての性格は、現在に至るまで持続している。現在、日本民俗学会の会員数は約二〇〇〇名である。*** 学会なので、この中に大学や研究機関、博物館などに所属するプロの研究者が含まれているのは当然だが、日本民俗学会の場合、それに加えて、小・中・高等学校の教員、公務員、自営業者、会社員、主婦、宗教者、学生などさまざまな社会的立場の人びとが含まれているところに大きな特徴がある。

こうした人びととは、人生のどこかで民俗学に出会い、「眼前の生活上の疑問」〔柳田 一九六四a：一八七〕から、身のまわりの「民俗」について自ら調べ、考え、発表し、各地の同志と情報や意見を交換するようになった人びとである。プロの研究者と違い、壮大な構想の論文を書くわけではなく、また理論的な議論を行なうわけでもないが、自分自身が当事者として生きている「民俗」について、記述し、報告する。そしてその過程で、自らの生活と周囲の社会を内省し、相対化するという経験を日常的に行なっている。

たとえば、成人式に参加するという「民俗」は、なぜ、いつからどのように始まったのか、現在の成人式のあり方が絶対的に正しいのか、別の選択肢はないのか、といった問いや、新生児への名づけという「民俗」は、これまでどのように変遷してきたのか、その中で、現在のあり方はどのように位置づけられるか、といった問いを立て、これについて自ら調べ、考え、判断を行なうことが、ここでいう「自らの生活と周囲の社会に対する内省、相対化」にあたる。**** このような知的営為こそが、柳田が理想とした「自己内省の学」〔室井 二〇一〇：九一―一二九〕としての民俗学のあり方だ。

日本の民俗学は、第二次世界大戦後、アカデミーの中に講座を設けるようになり、「大

** 「野の学問」としての民俗学の実態、とりわけ地方の民俗学徒の研究活動のあり方については、松本三喜夫〔一九九四、一九九六〕に詳しい。

*** 日本民俗学会は、日本における民俗学研究者の全国組織である。ほかに、現代民俗学に特化した現代民俗学会や、東北民俗の会、新潟県民俗学会、長野県民俗の会、加能民俗の会、京都民俗学会、近畿民俗学会、岡山民俗学会、広島民俗学会、宮崎民俗学会、沖縄民俗学会などの地方学会もある。どの学会も、民俗学を学ぼうとする者であれば、学生も含めて、一定の手続きを経ることで会員になることが可能である。入会の方法などについては、それぞれの学会のホームページを参照のこと。

**** 「成人式」については室井康成〔二〇一八〕が、「名づけ」については小林康正〔二〇〇九〕がそれぞれ詳細な研究を行なっている。このうち、小林は、京都文教大学の民俗学の教授だが、室井は、会社経営者であり、文字どおり在野の研究者である。

学の学問」としての一面も有するようになったが、同時に、「野の学問」としての性格は今日でも濃厚に維持されており、そうした環境の中で、アカデミーに属する民俗学者も、在野の民俗学者の知見に学びながら、彼らと協働して民俗学研究を進めているのである。ここに近代科学一般に対する民俗学の独自性を指摘することができる。

2 「ハンブル・セオリー」と「新しい学問共同体」

民俗学が、アカデミーに属しながらも、「野の学問」「民間学」としての性格も併せ持つ状況は、アメリカ民俗学においても同様である。* アメリカ民俗学会会長で、オハイオ州立大学教授のドロシー・ノイズ（Dorothy Noyes）は、民俗学のことを、「アカデミーの親密なる他者（the intimate Other of the academy）」［Noyes 2016: 14］と表現した上で、民俗学は、〈社会学や人類学や心理学など、専ら大学で行なわれ、グランド・セオリー（巨大な普遍理論）の構築を至上命題とする学問〉と、〈現地の生活者のローカルな知〉との中間に位置する学問だと指摘する。そして、民俗学は、グランド・セオリーが無視しがちな、地域的・歴史的個別性、偶発性、小さな声の側から、グランド・セオリーを批判し、それを乗り越えるオルタナティブな知としての「ハンブル・セオリー（humble theory：つつましやかな理論）」** を生み出す学問だと論じている［Noyes 2016: 11-16］。

アカデミーとそれが構築するグランド・セオリーに対し、別の知見を提示できるのが民俗学だとする考え方は、同じくアメリカの民俗学者でカリフォルニア大学バークレー校教授のチャールズ・ブリッグス（Charles L. Briggs）によっても示されている。ブリッグスは、ニュー・メキシコ州で行なってきたフィールドワークの経験をもとに、民俗

*ここでは、アメリカの例のみをあげるが、民俗学が「野の学問」としての性格を持っていることは、程度の差はあるものの、世界各地の民俗学について指摘可能である。

** humble theory の日本語訳は、菅［二〇一二：二三五］にしたがった。

図8　ハンブル・セオリーについて論じた Humble Theory: Folklore's Grasp on Social Life（2016）

学で行なわれているのは、「『理論』という概念の民主化」であり、アカデミーの学問では排除されている現地の生活者や現地の知識人が知識形成に深く関与する「新しい学問共同体」としての民俗学は、啓蒙思想に根差したグランド・セオリーとは異なる「新しい理論」を生み出すことが可能だと論じている***［Briggs 2008］。

「野の学問」であっても、アカデミーに属する学問であっても、学問研究は、論理性と実証性を備えたものでなければならない。そうした条件を満たした上で、アカデミーの学問とは異なるスタンスで研究を行ない、それがアカデミーの知を相対化したり、超克しようとしたりするものであるならば、大いに評価されるべきである。民俗学は、自らに対する厳しい批判の目を維持しながら、在野性を内在させていることを強みとして独自の学問世界を構築してゆくことができるだろう。

***ノイズの「ハンブル・セオリー」やブリッグスの「新しい学問共同体」は、社会学者ロバート・マートン［一九六二］の「中範囲理論」や人類学者クリフォード・ギアーツ［一九九一］の「ローカル・ノレッジ」との類似性を想起させるが、ノイズの議論もブリッグスの議論も、「理論」の政治性、「理論」なるものをめぐる権威のヒエラルヒーを批判的に主題化している点において独自性がある。

五　公共民俗学

もう一つ、民俗学の特徴的なあり方として、公共的な学問活動の活発さをあげておきたい。ここでは、民俗学における公共的な学問活動を「公共民俗学」の名で呼ぶことにしよう。

公共民俗学が展開されている場の一つが博物館である。県や市町村といった地方自治体が設置する人文系の博物館には、「歴史」と「考古」に加え、「民俗」の展示が用意されている****。それはそれぞれの地域の「民俗」の特徴を具体的な「物」や映像などを用いて展示したもので、この「民俗」展示の根拠となる民俗学的データの調査・研

****これとは別に、民俗学の研究成果を展示する国立の博物館として、国立歴史民俗博物館（千葉県佐倉市）がある。

究を行ない、展示ストーリーを構想し、実際に資料を収集して展示し、また研究成果と展示内容を、子供を含む多様な来館者に対して、さらにはより広く社会に向けて、わかりやすく解説したりする仕事をしているのが、各博物館に学芸員として勤務する民俗学者たちである。彼らは、「民俗」をめぐる展示、ワークショップ、住民参加型調査など、さまざまな博物館活動を通して地域の人びとと対話し、ともに地域の文化の価値を発見し、それをもとに新たな地域文化をつくりあげる公共文化コーディネーターの役割を果たしている。

県史や市町村史など、地方自治体が編纂する自治体史の編纂も、公共民俗学の主要な活動の一つである。自治体史編纂事業とは、自治体が、それぞれの行政区域の歴史や「民俗」を、専門家からなる編纂委員会を組織して調査・研究し、その成果を書物にまとめる事業のことだ。刊行される書物は大部のもので、歴史編、考古編、民俗編などから構成されているのが一般的であるが、このうちの民俗編の作成にあたるのが、編纂委員として事業に参画する民俗学者たちの仕事である。*

「自治体史」というと、何となく堅苦しいイメージがあるかもしれないが、少なくとも「民俗」編については、それはあたらない。近年刊行された「民俗」編から例をあげると、福岡市史の「民俗」編として刊行された『福の民――暮らしのなかに技がある』[福岡市史編集委員会編　二〇一〇]という書物は、一二〇名を超えるさまざまな職業の福岡市民を主人公として取り上げ、彼ら自身の日常の暮らしを、写真を多用しつつ描き出している。また、高知市が刊行した『地方都市の暮らしとしあわせ――高知市史民俗編』[高知市史編さん委員会編　二〇一四]は、高知市民の間に堆積する高知というマチの日常の

＊編纂業務を委託されるのは、それぞれの自治体の地元の大学、博物館に勤務する民俗学者であるが、地域の「民俗」に通暁した在野の民俗学者がこれに加わることも多い。

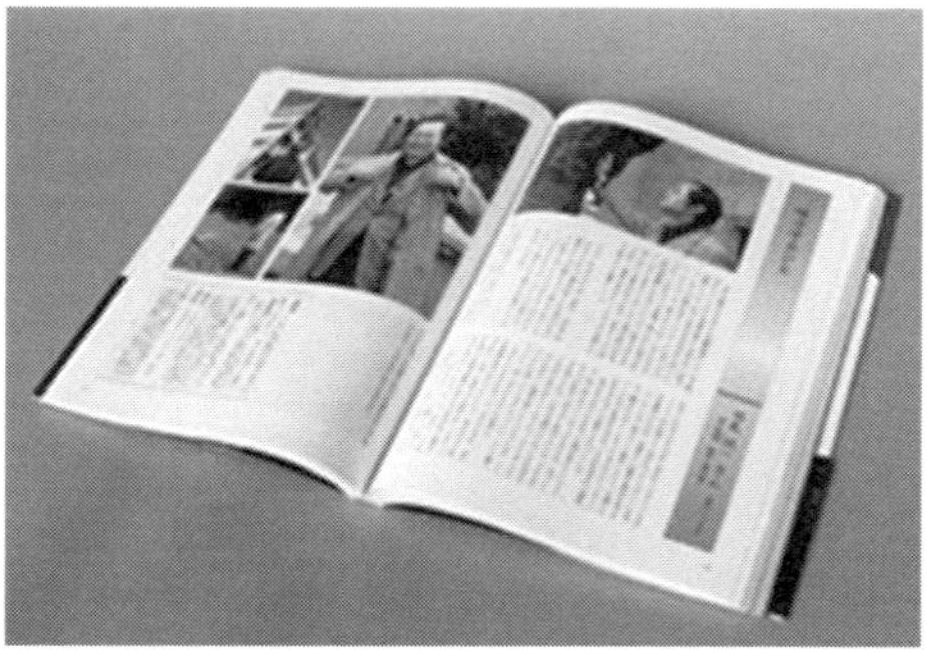

図9　『福の民――暮らしのなかに技がある』（二〇一〇年）

記憶を多様なエピソードを糸口として掘り起こしたものである。どちらも、それぞれの地元で多くの読者を獲得したが、とりわけ『地方都市の暮らしとしあわせ』は高知市民の琴線に大いに触れたようで、市内の書店で平積みにされた本書は、またたく間に売り切れ、高知市内書店の売り上げナンバーワンになった週もあったほどである。

災害復興の過程で公共民俗学が役割を果たすケースも少なくない。津波で破損し、泥まみれになった民具など民俗資料を洗浄、修復して、しかるべき保管場所に返還する「文化財レスキュー」、レスキューで救出した民俗資料を被災地で展示するとともに、住民からその資料にまつわる語りを聞き取り、資料と語りを用いて住民とともに被災地の新たな文化創造を行なう「復興キュレーション」** 〔加藤 二〇一七〕、民俗学が得意とする聞き取りの手法を用いて被災住民の声を聞く傾聴活動〔鈴木 二〇一二〕、被災地の民俗芸能復興の支援〔橋本 二〇一五〕など、公共民俗学の実践が数多くなされてきた。

福祉の現場も公共民俗学実践の場である。老人からその人生とそこで生きられてきた「民俗」を聞き取ることが、心理療法の一種である「回想法」としての意味を持つことから、これを積極的に老人の生の活性化に活用したり〔岩崎編著 二〇〇八〕、介護施設で老人たちから人生と「民俗」とを共感を持って聞き取り、老人の尊厳を復活させ、血の通った介護を実現させたりする動き〔六車 二〇一二〕が広がっている。

地域の文化観光政策にも民俗学の知は導入されつつある。文化政策学を専門とする井口貢 同志社大学教授は、柳田國男や宮本常一***の民俗学を参照しつつ、「自己の日常の何でもないような光景、それでいてかけがえのないもののなかから、仮にそれが細やかであったとしても優れた創造性は生まれ、それが他者に対しては非日常性との遭遇

図10 『地方都市の暮らしとしあわせ——高知市史民俗編』(二〇一四年)

** 「復興キュレーション」は、民俗学者の加藤幸治東北学院大学教授による造語で、「被災地で復旧したコレクションを素材とした文化創造活動」〔加藤 二〇一七:一五〕のことをさす。なお、「復興キュレーション」をタイトルに掲げた加藤の著書〔二〇一七〕は、加藤と彼が指導する東北学院大学の学生たちが宮城県石巻市鮎川浜において取り組んだ文化財レスキューと復興キュレーションの貴重な記録である。

*** 宮本常一 民俗調査の旅で日本列島を地球四周分歩き回ったといわれる在野出身の民俗学者。晩年は、武蔵野美術大学教授として民俗学を教えた。『忘れられた日本人』をはじめとする膨大な著作は、『宮本常一著作集』(全五一巻、別集二、未来社)に収められているほか、岩波文庫、講談社学術文庫、河出文庫などで文庫化されている。

となり、大きな感動をもたらすことがある」と論じ、「ゆるキャラ」、「B級グルメ」に飛びつく紋切り型のまちおこしとは一線を画した、内発的で創造性あふれる地域振興のあり方を提唱している〔井口　二〇一八〕。こうした文化観光政策の現場にも民俗学者が参入し、公共民俗学の実践を展開してゆくことが求められている。

六　世界民俗学

1　植民地主義と民俗学

最後に、現代のグローバル・コンテクストにおける民俗学の可能性について触れておく。

ストックホルム大学教授として長くスウェーデンの民俗学を牽引してきたバルブロ・クライン（Barbro Klein）は、一九九七年に刊行された民俗学の事典の中で"Folklore"の項目を執筆し、民俗学と人類学の関係について言及している〔Klein 1997〕。それによると、現代のアジア・アフリカの民俗学者たちは、人類学のことを植民地主義的な学問であると見なしており、彼らにとって、「ネイティヴ・フォークロア」の研究は、植民地支配に対するネイティヴ自身による対覇権主義的な文化研究であるとともに、彼らを「他者」として表象してきた人類学に対する抵抗としての意味を持っていると指摘している。そして、日本、インド、ナイジェリアのように民俗学が確立している国以外のアジア・アフリカ各国の民俗学者たちは、自らのフォークロアについて研究できるようになること、すなわち民俗学が確立することを望んでいるとも述べている。

図11　民俗学者、宮本常一（一九〇七〜一九八一）

2 柳田國男の「世界民俗学」構想

右のクラインの言及の中にも登場するように、日本は、まさにクラインのいう「ネイティヴ・フォークロア」研究としての民俗学が確立している国であり、その思想的主張と方法論的枠組みは、たとえば柳田國男の言説の中に見出すことができる。彼の言葉を拾いながら、その論理をまとめると、次のようになる。なお、柳田のいうEthnology、土俗学、殊俗誌学は、いわゆる「人類学」に相当するので、以下の要約、引用にあたってはこの語を補った。また、読みやすいように、一部の漢字をひらがなに直し、かつ文意を損なわない範囲で文章を現代的表現に改めた。

人類学（Ethnology、土俗学、殊俗誌学）が、「外部からの調査、世界の多くの民族が、先進開化の国の人々に知ってもらうだけの学問」であるのに対して、民俗学は、「内部からの調査」、「自らを知るための学問」である。

たしかに、人類学（Ethnology、土俗学、殊俗誌学）は、「一大躍進」を遂げており、「その成績には感謝すべきもの」も多く、各国の民俗学研究にも大きな刺戟を与えているが、一方で、「手近な部分を各自が分担するにこしたことはない」。人類学（Ethnology、土俗学、殊俗誌学）の研究対象とされる側の人々が、「母語の感覚を用いて直接的に自分の遠い過去を学ぶことができる幸福」が追求される必要があるのだ。

そして、人類学（Ethnology、土俗学、殊俗誌学）が「もっともっと進展し、一国民俗学によい刺戟と影響とを与え」るとともに、「一国民俗学が各国に成立し、国際的にも比較綜合が可能になって、その結果が他のどの民族にもあてはめれるようになれば、世界民俗学のあけぼのが見えはじめたといえるのだ」［柳田　一九八六：三九、四七、五五—五六、柳田　一九六四ａ：四七四］。

柳田はここで、人類学（Ethnology、土俗学、殊俗誌学）を全面否定するわけではないが、それだけが存在するのでは不十分で、人類学（Ethnology、土俗学、殊俗誌学）とともに、各国でそれぞれ自前の民俗学が発展し、各国民俗学間での比較総合が行なわれることで、「世界民俗学」が成立するという論理を提示している。そしてまた次のようにもいう。

先行して自国の民俗学が形成されている日本と違い、周辺隣国ではまだその段階にない。しかし、やがて、「この学問の本当の世界協力は、各国民が自ら調査を行なうことで実現するということを、彼ら自身が主張しだす日も近いだろうと我々は信じている」［柳田　一九六四ａ：二四七］。

「民俗学の役目は、単に、日本のような資料の豊富な一国に、日本民俗学を建設することだけで完了するというような小さなものであってはならない。（中略）この試みは、当然のことながら、第二、第三の隣国、もしくは不幸にしてまだ国をなしていない種族の集団においても、順次、応用してゆくことが可能であるばかりでなく、さらに練習を積み重ねて、ゆくゆくは、世界全体を現在のように複雑なものにした力と法則を究明することも民俗学の役割になるのである」〔柳田一九八六：三九〕。

3　知の世界システムと「世界民俗学」

こうした柳田の「世界民俗学」論は、一九二〇年代後半から三〇年代にかけて提示されたものだが、近年、桑山敬己は、世界の人類学の現状を分析し、これと世界民俗学との関わりについて論じている。以下にその内容を要約してみよう。

あらゆる学問は、世界システム（「知の世界システム」）を形成しており、そこには中心と周辺がある。人類学の場合、その中心に位置するのはアメリカ、イギリス、フランスである。この世界システムの中、これらの中心以外の位置からの発言は、意識的にも無意識的にも抑圧されるという支配・服従の関係が存在する。そこでは、長らく人類学の対象とされてきた非西洋のネイティヴ（ここには一般の住民だけではなく、現地の研究者も含まれる）は、人類学の中心にとって、研究対象としては不可欠であるが、対話の相手としては排除されてきた。この構造は、現在においても基本的に変わっていない。

ただ、全体からみれば一部であるが、近年、それまで人類学の対象でしかなかった地域の人びとが自らの社会と文化を人類学的に研究するという動きも見られるようになってきている。人類学的自己（anthropological self）――諸民族の文化を観察して描くエージェント――の多様化である。この動きがさらに進めば西洋による知的支配の構造は根本的に変革されることになるが、現状はそこまでには至っていない。

そのような中で、現状を打開し、現在も続く西洋の知的支配を解体するにはどのようにすればよいか。そこで求められるのが、「研究者を含む周辺のネイティヴと中心の西洋人が、対等な立場で話し合える『対話の場（dialogic space）』」としての「座」（比喩的にcommunal theater）である。そしてこの「座」に相当するのが、柳田が構想した世界民俗学である。「西洋による知的支配が続く中で、ネイティヴによる自文化の語りが登場しつつある現在、民俗文化に関する知識の比較総合の場――『座』――としての世界民俗学という柳田の構想」が重要性を帯びてきているのだ［桑山　二〇〇八：三―一八四］。

桑山は、人類学の世界システムを相対化する、世界中のネイティヴの学問の総合を「世界民俗学」と位置づけている。柳田と桑山に共通する民俗学への評価は、民俗学が対覇権主義的な学問であり、その総合体としての世界民俗学もまた、対覇権主義的な学問であるという点である。民俗学史を一貫する民俗学の対覇権主義的性格は、ここにおいても確認されるところとなっている。

ところで、柳田が対覇権主義的な「世界民俗学」を構想したのは、いまから八十年以上前のことである。その段階では、柳田は、「世界民俗学」を民俗学研究の理想的なかたちであると考えながらも、同時に、その実現は遠い将来のことと考えていた。

これは、当時の時代状況でいえば、当然のことであっただろう。しかし、それから八十年以上のときが経過して、事態は大きく変化してきている。現在では、世界の民俗学者の間での相互交流が盛んになっており、二〇一七年には国際的な研究組織である国際民俗学会連合（International Federation of Folklore Societies）も結成されている。＊グローバル化時代の今日、地球規模での高度情報化の進展により、「世界民俗学」は「遠い将来」どころか、目下の課題として、実現の方向に動き出しているといえる。

以上、第二章では、民俗学のあらましを解説してきた。第二章と、「文化人類学」を扱った第一章、そして「カルチュラル・スタディーズ」について取り上げたコラムを合わせて読めば、それぞれの学問分野が一定の自律性を持って成立していることが理解できよう。もっとも、これら三領域の関係は、排他的なものでは決してない。文化人類学と民俗学、そしてカルチュラル・スタディーズは、積極的で生産的な相互補完関係にある。

われわれは、これら三つの学問領域を同時に学び、それぞれの方法と理論を身につけることで、人間と文化についての複眼的な視野を獲得することが可能となるのである。

＊国際民俗学会連合は、アメリカ、中国、日本の三か国の民俗学会が設立発起組織となって設立された世界各国の民俗学会を会員とする国際学会連合で、初代の会長にはアメリカ民俗学会のTimothy C. Lloyd氏、副会長には日本民俗学会の桑山敬己氏、事務局長には中国民俗学会の安徳明氏がそれぞれ就任した。

参考文献

アスビョルンセン、ペーター・クリステン／ヨーレン・モー　一九九九　『ノルウェーの民話』米原まり子訳、青土社
アファナーシエフ、アレクサンドル　一九八七　『ロシア民話集』（上・下）、中村喜和訳、岩波書店
網野善彦・宮田登・福田アジオ編　一九九二　『歴史学と民俗学』（日本歴史民俗論集1）、吉川弘文館
アンドリューズ、デール・K　二〇一五　「現代巡礼考――アニメ・ゲームから生まれた聖地」『日本民俗学』第二八三号、五四―六九頁
井口　貢　二〇一八　『反・観光学――柳田國男から「しごころ」を養う文化観光政策へ』ナカニシヤ出版
今里悟之　二〇一四　「地理学と民俗学」『日本民俗学』第二七七号、一六二―一七七頁
岩井宏實　二〇一一　『民具学の基礎』慶友社

岩崎竹彦編著　二〇〇八　『福祉のための民俗学――回想法のススメ』慶友社
岩本通弥　一九八九　「血縁幻想の病理――近代家族と親子心中」『混沌と生成――都市民俗学へのいざないⅠ』、岩本通弥・倉石忠彦・小林忠雄編著、雄山閣、八三―一〇八頁
――　一九九八　「『民俗』を対象とするから民俗学なのか――なぜ民俗学は『近代』を扱えなくなってしまったのか」『日本民俗学』第二一五号、一七―三三頁
岩本通弥・菅豊・中村淳編著　二〇一二　『民俗学の可能性を拓く――「野の学問」とアカデミズム』青弓社
ヴェーバー＝ケラーマン、インゲボルク／アンドレーアス・C・ビマー／ジークフリート・ベッカー　二〇一一　『ヨーロッパ・エスノロジーの形成――ドイツ民俗学史』河野眞訳、文緝堂
上杉富之　二〇〇二　「生殖革命と新生殖技術――出産及び生命観に及ぼす社会・文化的影響」『日本民俗学』第二三二号、八六―一〇五頁
加藤幸治　二〇一七　『復興キュレーション――語りのオーナーシップで作り伝える〝くじらまち〟』社会評論社
門田岳久　二〇一三　『巡礼ツーリズムの民族誌――消費される宗教経験』森話社
川島秀一　二〇一七　『海と生きる作法――漁師から学ぶ災害観』冨山房インターナショナル
姜　正遠　二〇一三　「民俗人と脱植民主義」『韓国民俗学』第五七号、一四一―一七六頁、原文韓国語
ギアーツ、クリフォード　一九九一　『ローカル・ノレッジ――解釈人類学論集』梶原景昭ほか訳、岩波書店
喜多村理子　一九九九　『徴兵・戦争と民衆』吉川弘文館
桑山敬己　二〇〇八　『ネイティヴの人類学と民俗学――知の世界システムと日本』弘文堂
現代位相研究所編　二〇一〇　『フシギなくらい見えてくる！　本当にわかる社会学』日本実業出版社
小泉文夫　一九九四　『日本の音――世界のなかの日本音楽』平凡社
高知市史編さん委員会編　二〇一四　『地方都市の暮らしとしあわせ――高知市史民俗編』高知市
小島美子　一九九八　『音楽からみた日本人』日本放送出版協会
小長谷英代　二〇一七　『〈フォーク〉からの転回――文化批判と領域史』春風社
小林康正　二〇〇九　『名づけの世相史――「個性的な名前」をフィールドワーク』風響社
重信幸彦　一九八九　「『世間話』再考――方法としての『世間話』へ」『日本民俗学』第一八〇号、一―三五頁
――　一九九三　「仕事を綴る〈ことば〉の民俗誌――あるタクシードライバーのノートから」『族』第二〇号、一―九九頁
島村恭則編著　二〇一三　『引揚者の戦後』新曜社
島村恭則　二〇一四　「フォークロア研究とは何か」『日本民俗学』第二七八号、一―三四頁
――　二〇一八　「民俗学とは何か――多様な姿と一貫する視点」『現代民俗学のフィールド』古家信平編、吉川弘文館、一四―三〇頁

シュッツ、アルフレッド／トーマス・ルックマン　二〇一五『生活世界の構造』那須壽監訳、筑摩書房
菅　豊　二〇一二「民俗学の喜劇――『新しい野の学問』世界に向けて」『東洋文化』第九三号（特集「民俗学の新しい沃野に向けて」）、二一九―二四三頁
――――　二〇一三『「新しい野の学問」の時代へ――知識生産と社会実践をつなぐために』岩波書店
鈴木岩弓　二〇一二「いま、震災被災地で民俗学者ができること」『日本民俗学』第二七〇号、二三一―二三七頁
関一敏・小松和彦・佐藤健二編著　二〇〇二『新しい民俗学へ――野の学問のためのレッスン26』せりか書房
田澤晴子　二〇一八『吉野作造と柳田國男――大正デモクラシーが生んだ「在野の精神」』ミネルヴァ書房
谷口　貢　一九九六「民俗学の目的と課題」『現代民俗学入門』谷口貢ほか編著、吉川弘文館、一―七頁
谷口貢・板橋春夫編著　二〇一四『日本人の一生――通過儀礼の民俗学』八千代出版
――――　二〇一七『年中行事の民俗学』八千代出版
鶴見和子　一九九七『社会変動論のパラダイム――柳田國男の仕事を軸として』（鶴見和子曼荼羅Ⅰ、基の巻）、藤原書店、四四二―四八三頁
トムズ、ウィリアム　一九九四「フォークロア」『フォークロアの理論――歴史地理的方法を越えて』荒木博之編訳、法政大学出版局
トンプソン、スティス　二〇一三『民間説話――世界の昔話とその分類』八坂書房
波平恵美子　二〇〇一「『民俗』の再考と再生をめざして」『日本民俗学』第二二七号、二三七―二四四頁
西原和久　二〇〇三『自己と社会――現象学の社会理論と〈発生社会学〉』新泉社
日本民俗建築学会編　二〇〇一『図説 民俗建築大事典』柏書房
ノイズ、ドロシー　二〇一二「集団」『アメリカ民俗学――歴史と方法の批判的考察』小長谷英代・平山美雪編訳、岩田書院、二五七―三一一頁
野口憲一　二〇一六「〈産業としての農業〉を営むという実践を理解する――徳島県におけるレンコン生産農業の事例から」『日本民俗学』第二八五号、五七―七七頁
橋本裕之　二〇〇六『民俗芸能研究という神話』森話社
――――　二〇一五『震災と芸能――地域再生の原動力』追手門学院大学出版会
俵木　悟　二〇一八『文化財／文化遺産としての民俗芸能――無形文化遺産時代の研究と保護』勉誠出版
平山和彦　二〇〇〇「民俗」『日本民俗大辞典』（下）、福田アジオほか編、吉川弘文館、六三八―六三九頁
フォスター、マイケル・ディラン　二〇一三「視覚的想像――『甑島のトシドン』における見る／見られる関係の一考察」『日本民俗学』第二七三号、塚原伸治訳、五五―九五頁

福岡市史編集委員会編　二〇一〇　『福の民――暮らしのなかに技がある』（新修福岡市史特別編）、福岡市
福田アジオほか編　一九九九・二〇〇〇　『日本民俗大辞典』（上・下）、吉川弘文館
福田アジオ編　二〇一五　『知って役立つ民俗学――現代社会への四〇の扉』ミネルヴァ書房
藤井隆至　二〇〇八　『柳田国男――「産業組合」と「遠野物語」のあいだ』日本経済評論社
フッサール、エトムント　一九九五　『ヨーロッパ諸学の危機と超越論的現象学』細谷恒夫／木田元訳、中央公論社
プリミアノ、レナード　二〇〇七　「宗教民俗における方法の探究とヴァナキュラー宗教」『東北宗教学』第三号、小田島建己訳、一二九―一五七頁
ヘルダー、ヨハン・ゴッドフリート　二〇一八　『ヘルダー民謡集』嶋田洋一郎訳、九州大学出版会
ヘルデル（＝ヘルダー）、ヨハン・ゴッドフリート　一九四五　『民族詩論』中野康存訳、櫻井書店
松本三喜夫　一九九四　『柳田「民俗学」への底流――柳田国男と「爐邊叢書」の人々』青弓社
――　一九九六　『野の手帖――柳田国男と小さき者のまなざし』青弓社
マートン、ロバート・K　一九六一　『社会理論と社会構造』森東吾ほか訳、みすず書房
宮家　準　一九九四　『日本の民俗宗教』講談社
宮田　登　一九九六　『民俗学への招待』筑摩書房
六車由美　二〇一二　『驚きの介護民俗学』医学書院
室井康成　二〇一〇　『柳田國男の民俗学構想』森話社
――　二〇一八　「現代民俗の形成と批判――『成人式』問題をめぐる一考察」『専修人間科学論集社会学篇』第八巻二号、六五―一〇五頁
柳田國男　一九三五　『郷土生活の研究法』刀江書院
――　一九六三ａ［一九三一］「明治大正史世相篇」『定本柳田国男集』第二四巻、筑摩書房、一二七―四一四頁
――　一九六三ｂ［一九三九］「国語の将来」『定本柳田國男集』第一九巻、筑摩書房、一―二〇五頁
――　一九六四ａ［一九二八］「青年と学問」『定本柳田國男集』第二五巻、八三―二五九頁
――　一九六四ｂ［一九三五］「郷土生活の研究法」『定本柳田國男集』第二五巻、二六一―三二八頁
――　一九六四ｃ［一九四七］「現代科学といふこと」『定本柳田國男集』第三一巻、三―一六頁
――　一九八六［一九三四］『民間伝承論』第三書館
山泰幸・川田牧人・古川彰編著　二〇〇八　『環境民俗学――新しいフィールド学へ』昭和堂
ワックス、エレノア　一九九四　『「あり金出せ！」ニューヨーク犯罪被害者物語』川幡政道・伊藤寿夫訳、大修館書店

Bendix, Regina F. and Galit Hasan-Rokem eds. 2012 *A Companion to Folklore*. Chichester: Wiley-Blackwell.

Briggs, Charles L. 2008 "Disciplining Folkloristics," *Journal of Folklore Research* 45(1): 91-105.

Dundes, Alan ed. 1999 *International Folkloristics: Classic Contributions by the Founders of Folklore*. Lanham, Boulder: Rowman and Littlefield Publishers.

Klein, Barbro 1997 "Folklore," *Folklore: An Encyclopedia of Beliefs, Customs, Tales, Music, and Art*. Thomas A. Green ed., Santa Barbara: ABC-CLIO, pp. 331-336.

Noyes, Dorothy 2016 *Humble Theory: Folklore's Grasp on Social Life*. Bloomington: Indiana University Press.

Wilson, William A. 2006 *The Marrow of Human Experience: Essays on Folklore*. Jill Terry Rudy ed., Rogan: Utah State University Press.

著者紹介

桑山敬己（くわやま　たかみ）
関西学院大学社会学部・大学院社会学研究科教授。北海道大学名誉教授。
1955年、東京生まれ。東京外国語大学（英米語学科）、同大学院（地域研究科）修了。1989年、カリフォルニア大学ロサンゼルス校（UCLA）にてPh. D（人類学博士）。米国永住権取得。ヴァージニア・コモンウェルス大学助教授、北海道大学文学部教授などを経て、現職。専門は文化人類学。
著書に『ネイティヴの人類学と民俗学』（弘文堂、2008年）、*Native Anthropology*（Trans Pacific Press、2004）、編著に『日本はどのように語られたか』（昭和堂、2016年）、共編著に『詳論文化人類学』（ミネルヴァ書房、2018年）、『よくわかる文化人類学（第2版）』（ミネルヴァ書房、2010年）、『グローバル化時代をいかに生きるか』（平凡社、2008年）がある。

島村恭則（しまむら　たかのり）
関西学院大学社会学部・大学院社会学研究科教授、世界民俗学研究センター長。
1967年、東京生まれ。筑波大学大学院博士課程歴史・人類学研究科文化人類学専攻単位取得退学。博士（文学）。韓国・翰林大学校客員専任講師、国立歴史民俗博物館民俗研究部、秋田大学准教授、東京大学大学院客員教授などを歴任。専門は、現代民俗学、世界民俗学史と民俗学理論。
著書に『民俗学を生きる』（晃洋書房、2020年）、『〈生きる方法〉の民俗誌』（関西学院大学出版会、2010年）、『韓国の怪談』（河出書房新社、2003年）、編著に『引揚者の戦後』（新曜社、2013年）、共編著に『民俗学読本』（晃洋書房、2020年）がある。

鈴木慎一郎（すずき　しんいちろう）
関西学院大学社会学部・大学院社会学研究科教授。
1965年生まれ。1996年、立教大学大学院文学研究科地理学専攻博士後期課程修了。博士（文学）。専門は、文化人類学、カルチュラル・スタディーズ、ポピュラー音楽研究。
著書に『レゲエ・トレイン』（青土社、2000年）、共編著に『シンコペーション』（エディマン、2003年）、論文に「「わたしたちみんな、いくらかはダイアレクトを話すのですから」」（真島一郎編『20世紀〈アフリカ〉の個体形成』平凡社、2011年）、共訳書にポール・ギルロイ『ブラック・アトランティック』（月曜社、2006年）、など。

文化人類学と現代民俗学

2019年4月8日　初版
2020年4月8日　2版

著　者　桑山敬己　島村恭則　鈴木慎一郎

発行者　石井　雅
発行所　株式会社　風響社

東京都北区田端 4-14-9（〒114-0014）
Tel 03（3828）9249　振替 00110-0-553554
印刷　モリモト印刷

ISBN978-4-89489-412-9　C0039